講談社選書メチエ
718

MMT

現代貨幣理論とは何か

井上智洋

MÉTIER

はじめに

平成の三〇年間は、失われた三〇年で終わりました。この時代に私たちは、多くのものを失ってきました。

デフレ不況とそれに伴う政府支出の出し惜しみによって、少なからぬ国民が生活の安定や人生そのものを失いました。企業はイノベーション力を、大学は科学技術力を、家計は消費意欲を、若者はチャレンジ精神をそれぞれ失いました。我が国の国力衰退は、目を覆わんばかりです。

この国を再興するには、デフレ不況からの完全な脱却を果たす以外にありません。そのためには、「拡張的財政政策」を大々的に実施する必要があります。

「拡張的財政政策」というのは、税金を減らして財政支出を増やすことです。そうすると政府の借金は増大します。ですが、財政の拡大なくしてデフレ不況からの脱却はありません。それを怠ったために、失われた一〇年は二〇年となり、三〇年近くにまで延長されました。

それにもかかわらず、二〇一九年一〇月に消費税が増税され、政府支出の出し惜しみも続いています。デフレ不況という長く暗いトンネルの出口には、まだたどり着けそうもありません。

では、なぜ政府は、経済を衰退させるような、こうした自滅的な政策をとり続けるのでしょうか？
それは、日本が財政難に直面していると危惧されているからです。

ところが、「現代貨幣理論（Modern Monetary Theory）」、頭文字をとって「ＭＭＴ」という経済学の理論に基づけば、過度なインフレにならないかぎり財政支出をいくら増やしても問題はない（つまり、財政危機なるものは存在しない）と主張することができます。

ＭＭＴは、非主流派の経済理論、つまり一般的な経済学の教科書には載っていない理論です。主流派の経済学者からすれば、ＭＭＴ派は「異端派」ということになります。

私は、大学の講義で「ミクロ経済学」とか「マクロ経済学」といった主流派の経済学を教え、学術的な論文も主流派のフレームワーク（枠組み）にしたがって書いています。しかしながら、主流派とか非主流派といった区分に本質的な意味があるとは思っていません。

私自身は、ＭＭＴに全面的に賛成でも、全面的に反対でもありません。明確に賛成できる部分と疑問や違和感を抱かされる部分とが混在しています。本書は、そうした立場の経済学者から著されたものです。

ＭＭＴは、拡張的財政政策を採用して借金を増やすのが正しいのか、逆に緊縮的財政政策を採用して借金を減らすのが正しいのか、という国の命運を左右するようなテーマに関わっています。この問題の重要性の前では、主流派経済学かどうかといったことは些末なことであり、最終的な賛否はさておくとしても、まずはMMTの主張に耳を傾けるべきでしょう。

私は、もとより拡張的財政政策を採用するのが正しいと思っており、その考えを補強したいがために、MMTの理解に努めました。その成果をまとめたのが、本書ということになります。

ただし、MMTは必ずしも拡張的財政政策を正当化することに主眼をおいた理論ではありません。あくまでも「貨幣理論」なので、貨幣とはなんぞやといった話が中軸をなしており、そこから多様な政策提言が導かれています。

MMTは、頭ごなしに批判している多くの人々が思うよりも、遥かに広くそして深い理論です。本書でもその内容を十分に汲み尽くしているわけではありません。それどころか、私にもまだまだ学ばなければならないことが山ほどあるような状況です。

それでも、私が本書をこのタイミングで世に送り出すことにしたのは、経済政策に関するより高度な議論が、経済学者、政治家、そして国民の間で早急になされる必要があると考えたからです。

このままでは、失われた三〇年が四〇年になってしまうのではないかという強い危機感を私は抱いています。その危機感に突き動かされながら、本書を執筆しました。

本書は恐らく、日本のマクロ経済学者が書いたMMTに関する初めての本格的な書籍になるはずです。MMTに賛成する人も反対する人も、拡張的財政政策に賛成する人も反対する人も、本書を手にとって議論の肥やしにしていただきたいと願っています。

目次

目次・章扉デザイン◎宗利淳一

第1章

なぜいまMMTが注目されるのか？

日本は「衰退途上国」

一九九〇年代に日本はデフレ不況に陥り、二〇一〇年代終盤に至ってなお、そこから完全には脱却できずにいます。平成の三〇年間、日本経済はほとんど停滞したままでした。

デフレ不況のいちばんの問題点は、失業をもたらし、人々の生活を困窮させることです。中にはみずから命を絶つ人も出てしまいます。平成は災害の多い時代で、たくさんの人々が命を失いました。しかし、それを上回る数の人々がデフレ不況によって自殺に追い込まれています。

図1-1のように、バブルが崩壊した一九九〇（平成二）年頃から自殺者はゆるやかに増加し、一九九七（平成九）年には二万四〇〇〇人を超えています。そして、デフレに突入した一九九八（平成一〇）年には一気に三万二〇〇〇人超に跳ね上がり、以降一〇年以上高止まりしたままでした。

次に、デフレ不況は働いている人を貧しくするという点でも問題です。名目賃金（給料などの額面）は、図1-2のように、バブル崩壊後の一九九〇年以降もしばらくは上昇しますが、デフレの始まる一九九八年以降低下し続けています。

その結果、言わば振り出しに戻ってしまって、平成の始まりと終わりでは名目賃金がほぼ同水準になっています。平成の三〇年間に給料の額面は全く増えなかったのです。

実質賃金（名目賃金の物価に対する割合）はさらに酷くて、図1-2のように、平成の終わりには、その始まりよりもかなり低い水準まで下落しています。実質賃金は、その賃金でどれだけの商品を買えるのかを表しています。したがって、実質賃金の低下は、給料で購入できる商品の量が減ったこと

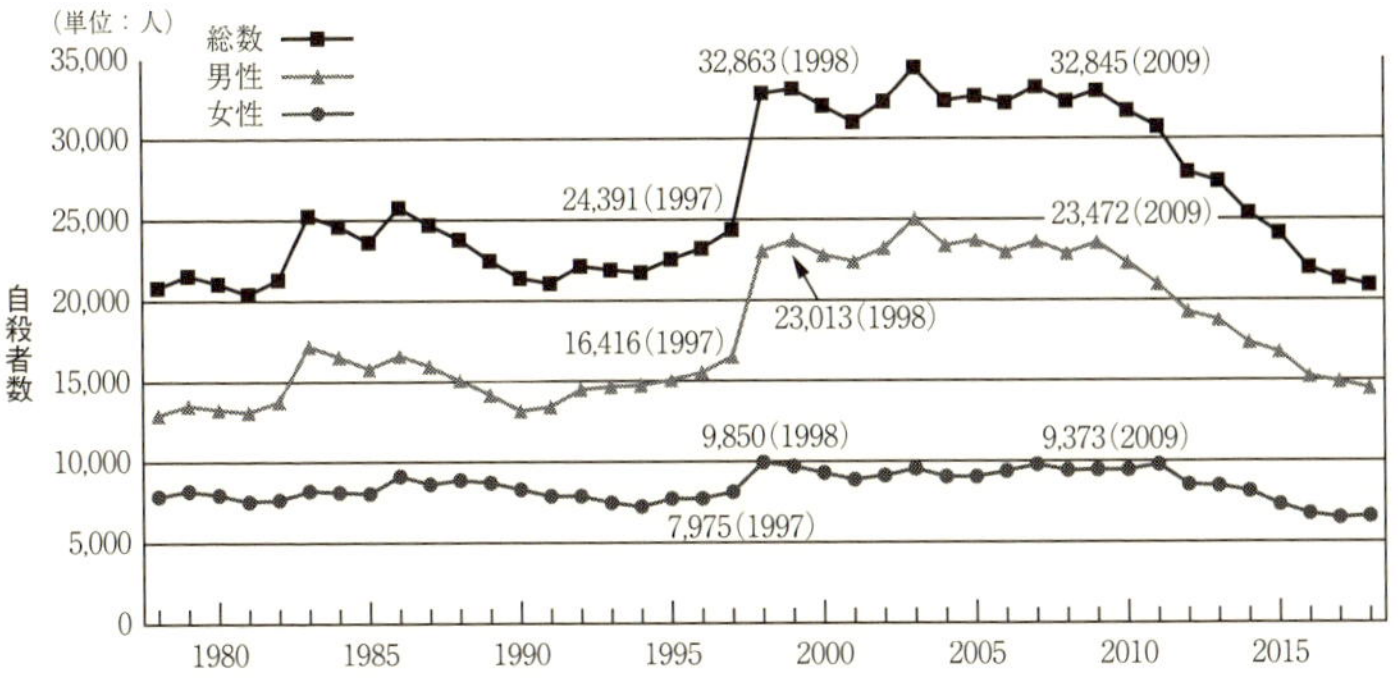

図1-1　自殺者数の推移（警察庁「自殺者数の年次推移」より）

を意味します。

要するに、サラリーマンのような給与所得者はこの三〇年間で貧しくなっているということです。主要国でこんな異常事態に見舞われた国は他にありません。

一人当たり名目GDPは、平成の三〇年間に五割ほど増大しています。それでも他の国が大幅に成長しているので、日本は一人当たり名目GDPで二〇〇〇年にルクセンブルクに次ぐ二位でしたが、二〇一七年には二五位にまで転落しました。ただし、ドルに換算して比較しているため、為替レートの変化（円安）によるところも大きいということに注意してください。

さらに日本は、かつてアメリカに次ぐ科学技術大国でしたが、科学・工学分野の論文数で中国やインドなどに追い抜かれて、二〇一六年には世界六位に転落しました（全米科学財団の報告書による）。科学者は研究の成果を論文で発表するので、論文数はその国の科学技術力を測る代表的な指標です。

このように経済力が相対的に弱体化し、科学技術の進歩も

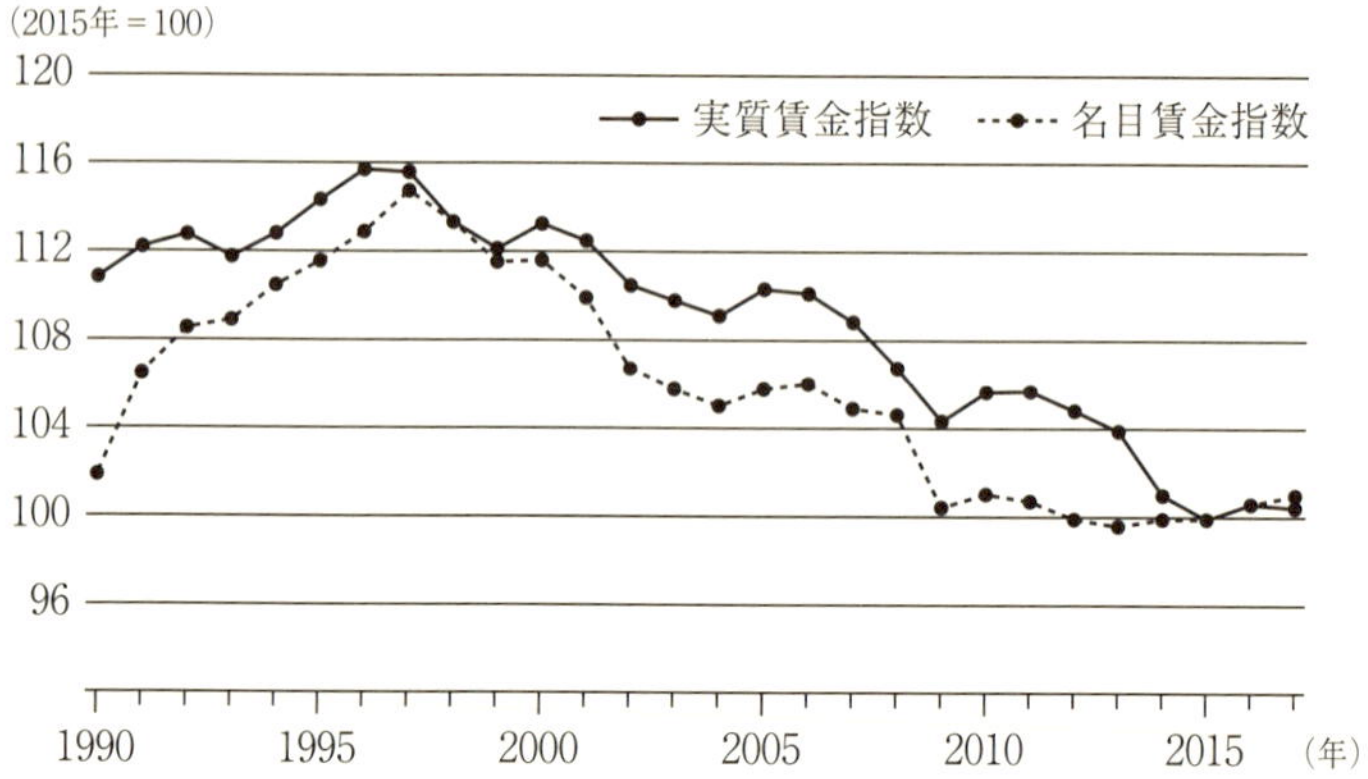

図1-2　名目賃金指数と実質賃金指数の推移（厚生労働省「毎月勤労統計調査」を基に作成）

停滞しており、我が国の国力衰退は目を覆わんばかりです。藤井聡氏は日本を「衰退途上国」と呼んでいます。

衰退を食い止めるにはどうしたらよいかという問いに対して、人々は「企業の国際競争力を高める」「大学改革を実施する」「ＩＴやＡＩを積極的に導入する」などと考えがちです。これらは間違った考えではありませんが、なぜいままでそれらを十分実施できなかったのかを追究する必要があります。

究極の原因は、まさにデフレ不況にあります。デフレ不況が長く続いたために、労働者も企業も臆病になり、消費意欲や投資意欲だけでなくチャレンジ精神も失い、リスク回避的な行動をとるようになってしまったのです。デフレ期に根づいたこうした労働者や企業経営者の心理状況を「デフレマインド」と言います。

政府は財政が逼迫《ひっぱく》していることを理由にケチ臭くなり、研究や教育などの重要分野にも十分なお金を投じなくなっています。こうした緊縮主義は、政府のデフレマインドによるものと言えるでしょう。政府が基礎的な資金である「運営費交付金」を十分に提供しなかったために、地方の国立大学が資金難に陥り、科学技術に関する研究が困難になりました。それが論文数減少の主要因の一つです。

デフレマインドは子供たちにも及んでおり、高校生のなりたい職業ランキングで公務員が男子四位、女子一位となっています（ソニー生命保険株式会社「中高生が思い描く将来についての意識調査2017」）。

公務員はもちろん立派な職業ですが、安定しているという理由で職業を選ぶ子供たちが増えているということであれば、この国から相当の活力が失われていると言わざるを得ないでしょう。だからといって、「リスクをとって起業しろ」などと、若者を軽々しくそそのかしてはいけません。不況が長く続くのであれば、若者が安定路線に走るのは合理的な選択です。

逆に、好景気が保たれていて、就職売り手市場が続けば、自然とリスクをとってチャレンジする若者は増えていきます。だから、大人たちのなすべきことは、若者に無理をさせることではなく、景気を良くすることなのです。

不確実な状況の中で企業が野心的に事業を拡大させようとする意欲を経済学では「アニマル・スピリット」と言います。企業がデフレマインドにむしばまれているということは、アニマル・スピリットがしぼんでいることと同義です。

一九八九年に世界時価総額ランキングの二〇位以内に入っている日本企業は、NTTや住友銀行な

（億米ドル）

1	アップル	アメリカ	924
2	アマゾン・ドット・コム	アメリカ	783
3	マイクロソフト	アメリカ	753
4	グーグル／アルファベット	アメリカ	739
5	フェイスブック	アメリカ	538
6	アリババ	中国	509
7	テンセント	中国	483
8	ネットフリックス	アメリカ	152
9	アント・フィナンシャル	中国	150
10	イーベイ＋ペイパル	アメリカ	133
11	ブッキング	アメリカ	100
12	セールスフォース・ドットコム	アメリカ	94
13	バイドゥ	中国	84
14	シャオミ	中国	75
15	ウーバー・テクノロジーズ	アメリカ	72
16	ディディチューシン	中国	56
17	JD ドットコム	中国	52
18	エアビーアンドビー	アメリカ	31
19	メイチュアン・ディアンピン	中国	30
20	トウティアオ	中国	30

図1–3　2018年におけるIT企業の時価総額ランキングトップ20
（Mary Meeker “Internet Trends” 2018）

ど一四社ありました。二〇一九年五月末現在、時価総額ランキングの二〇位に入っている日本企業は一つもありません。最高位のトヨタは、四七位にとどまっています。

　時価総額ベスト五は、「ＧＡＦＡ」と総称されるアメリカの巨大ＩＴ企業とマイクロソフトです。私はＩＴ革命こそが「第三次産業革命」と見ており、一九九五年のインターネット元年に始まったものと考えています。そのころ、日本ではすでに長期不況が始まっており、日本企業は身動きがとれない状態にありました。インターネットという未知の技術に野心的に取り組むアニマル・スピリットが不足していたので、日本では世界的なＩＴ企業が育つことはありませんでした。

図１－３の「二〇一八年のＩＴ企業の時価総額ランキングトップ20」を見ると、アメリカの企業が

一一社、中国の企業が九社ランクインしている一方、日本企業は一社もありません。

これらの巨大ＩＴ企業が、次代の経済的な覇権を握るために、第四次産業革命でもっとも重要な技術であるＡＩの研究開発に莫大な投資をしています。多くの日本企業は、ＡＩに対しても及び腰で、日本はＡＩ後進国と呼ばれるありさまです。

世界のＡＩベンチャーの資金調達額のうち、中国が四八パーセントを占め、アメリカは三八パーセントです。日本は残り一四パーセントの、さらにそのほんの一部を占めるに過ぎません。世界のハイレベルなＡＩ人材の約半分はアメリカにおり、次に多いのは中国です。日本は、イギリス、ドイツ、カナダに続く六位となっています。これら三ヵ国が、日本よりＧＤＰも人口も少ないにもかかわらずです。

クリエイティブで楽しい頭脳労働はアメリカや中国の労働者が担い、退屈で根気を要する単純労働はもっぱら日本の労働者が引き受ける――残念ながら、そんな国際的分業体制が既定路線になりつつあります。そして、それは長く続いたデフレ不況のもたらした帰結なのです。

消費増税はなぜなされたのか？

およそ以上に述べたような流れで日本が衰退への途をたどっているとするならば、この国を再興するには、デフレ不況からの完全な脱却を果たし、デフレマインドを克服する以外の道はありません。詳細は省きますが、恐らくは二パーセントを超えるインフレを一〇年近く維持しなければ、デフレマ

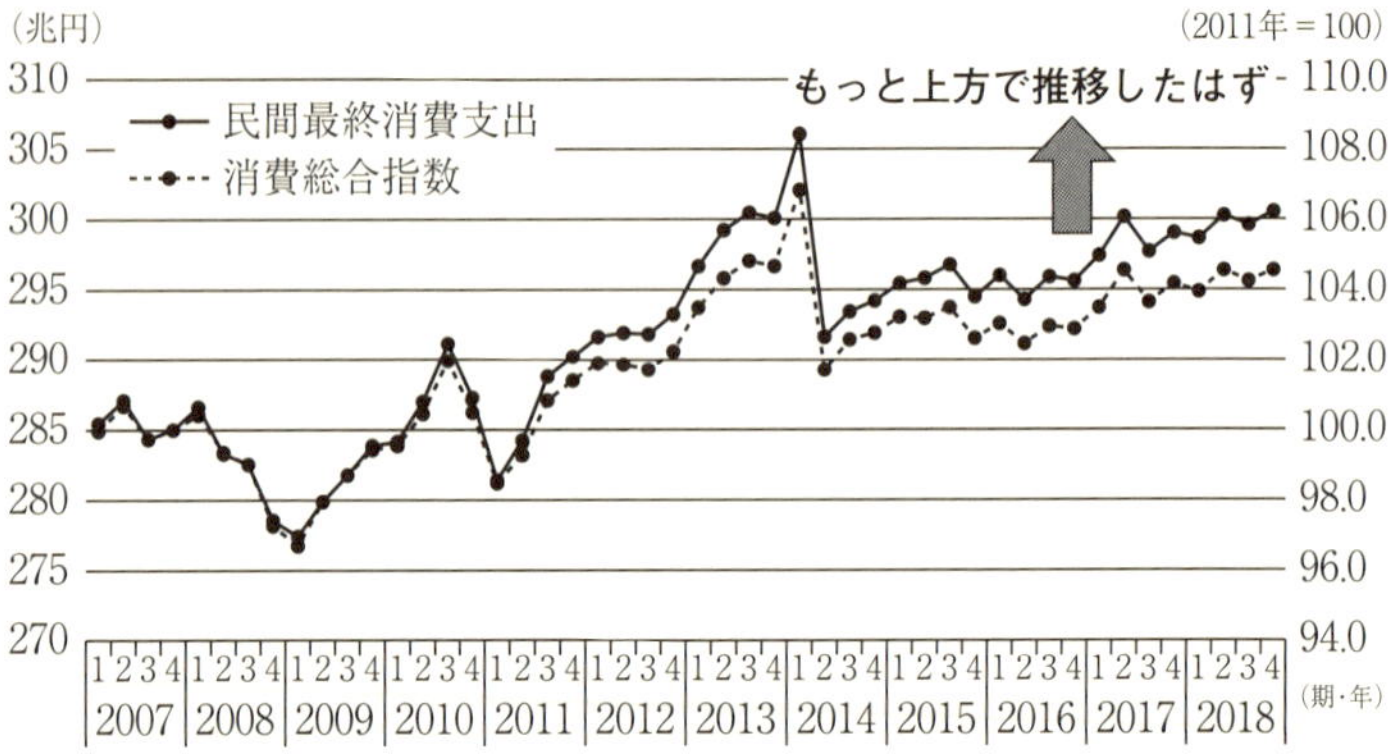

図1-4　民間最終消費支出と消費総合指数の推移（内閣府「国民経済計算」及び「月例経済報告」を基に作成）

インドを滅却することはできないでしょう。

かつて、日本経済はアベノミクスによってデフレ不況から脱却できるのではないかとの期待が寄せられていましたが、それは二〇一四年四月の消費増税によって困難になりました。

二〇一四年以降、**図1－4**のように消費支出（民間最終消費支出）は低迷を続け、二〇一八年に至ってようやく増税前の二〇一三年の水準を回復したに過ぎません。

増税がなければ、二〇一四年以降の消費支出の推移は、現実のこのグラフをそのまま上方にシフトさせたグラフとして描くことができたでしょう。

二〇一四年の増税前に、多くの著名な経済学者、エコノミスト及び財務省が、増税による景気の落ち込みは一時的なものにとどまると予想していました。ところが、彼らの予想は完全に外れて、消費支出はあるべき水準よりはるか下方で推移していたわけです。

景気後退のリスクを冒してまで増税するのはなぜか？

それだけ財務省や自民党内からのプレッシャーが強いのかもしれないし、そうでないのかもしれません。安倍晋三首相自身が本当にどう考えているのかも分かりませんが、いずれにしても財政再建が目指されているから増税が図られるということは間違いないでしょう。

実際、政府は「二〇二〇年度までにプライマリー・バランスを黒字化する」という目標を二〇一三年に閣議決定しています。これは、政府の支出（正確には、国債の利払いや償還の費用以外の支出）を税収より少なくすることを意味しています（なお、二〇一八年に政府は、黒字化達成の目標を二〇二五年度に先延ばしすることを閣議決定しました。ですが、黒字化という方針自体を取り下げることはしていません）。

政府の借金は約一一〇〇兆円に達していて、日本はいま財政難に直面していると危惧されています。そして、財政を再建するには、政府支出を減らしたり税金を増やしたりして、政府の借金を減らさなければならないと考えられています。

ＭＭＴと政府の借金

しかし、本当に日本は財政破綻の危機にさらされているのでしょうか？

いま、自国通貨をもつ国は財政破綻することはないと主張する「現代貨幣理論」すなわちModern Monetary Theory――頭文字をとってＭＭＴ――が注目を集めています。ＭＭＴによれば、円を発行することのできる日本やドルを発行することのできるアメリカでは、財政破綻することはあり得ないというのです。

ＭＭＴは、一九九〇年代から存在する非主流派の経済理論、つまり一般的な経済学の教科書には載っていない理論です。元々「ポスト・ケインズ派」という非主流派の経済学者の集団があって、ＭＭＴはそれを母体にして発達してきました。主流派の経済学者からすれば、ポスト・ケインズ派もＭＭＴ派も「異端派」ということになります。

ＭＭＴによれば、政府の借金そのものは問題ではありません。日本政府の借金が二〇〇〇兆円になろうが三〇〇〇兆円になろうが、それ自体を恐れたり不安に思ったりする必要はないということになります。

ただし、政府の借金が増えることによってインフレになる可能性はあります。それゆえに、政府の借金額は過度なインフレにならない程度にとどめておかなければなりません。日本のインフレ率は、現在年率一パーセント程度（二〇一九年四月時点では年率〇・九パーセント）です。これは、一〇〇円のおにぎりが翌年には一〇一円になるという程度の物価上昇です。

日本銀行（日銀）は、インフレ率の目標を二パーセントにおいています。二パーセントが妥当な目標だとすると、政府はもっと借金して支出を増やすべきだということになるでしょう。増税どころか減税すべしということになるし、消費税率は五パーセントに引き下げられるべきかもしれません。

いくら借金しても財政破綻することはないという主張を聞くと、ＭＭＴは「トンデモ理論」で、やはり異端派は異端派に過ぎないのではないかと思われるかもしれません。

しかしながら私は、「過度なインフレにならないかぎり、政府はいくらでも借金してかまわない」というMMTの主張は、基本的には正しいと思っています。

実を言うと、「自国通貨建てで借金をしている国が財政破綻することはない」というのは、経済学的にごく当たり前のことを言っており、MMTの専売特許というわけではありません。他ならぬ財務省が「日・米など先進国の自国通貨建て国債のデフォルトは考えられない」（財務省ホームページ）と述べています。「デフォルト」というのは債務不履行、つまり政府が借りたお金を返さないことを意味します。

また、主流派の理論について解説した書籍である『新しい物価理論』にもこう書かれています。

銀行券は、もともとは、金貨や銀貨などの本位貨幣への交換を保証する証書だったわけだが、その銀行券自体を貨幣だと決めてしまったときから、銀行券は銀行券としか交換を要求されないという意味でディフォルトしなくなり、その銀行券と信用の基盤を共通にする自国通貨建て国債もディフォルトしないことになった。[1]

国が借金をしていると言っても、国が返す円というお金自体を国が発行しているわけだから、国がお金を返せなくなるという事態は、発生し得ないわけです。分かりやすく雑な言い方をすれば、国がお札を刷って借金の返済や利払いに充てればよいわけです。

このように、MMTは主流派経済学者であっても受け入れざるを得ない単なる事実（しかし重要な事実）をいくつも唱えています。

ただし、MMTの理論にはこうした単なる事実だけではなく、仮説もあれば、政策提言もあります。したがって、私自身はMMTに全面的に賛成なわけではなく、全面的に反対なわけでもありません。事実の部分についてはまったくその通りだと認めているものの、仮説や政策提言についてはかなりの議論の余地があると思っています。

MMTはブードゥー経済学か？

MMTが提示する仮説や政策提言の当否については、一つ一つ丁寧に吟味する必要があるでしょう。ところが、アメリカでも日本でも、主流派経済学者がMMTを頭から全面否定し、感情的に攻撃するようなことがたびたび巻き起こっています。

経済学者の間ですらもそれほど知られていなかったMMTでしたが、近年になって、まずはアメリカで脚光を浴びるようになりました。二〇一九年一月に、アレクサンドリア・オカシオ＝コルテスという人が、史上最年少の女性下院議員になっています。彼女が、太陽光や風力などの再生可能エネルギーを一〇〇パーセントにするための政策「グリーン・ニューディール」の財源として、赤字国債を挙げました。つまり、政府が借金してお金を調達すればよいというわけです。

その借金を正当化するためにオカシオ＝コルテス議員がMMTをもち出したのをきっかけに、ノーベル賞受賞者であるポール・クルーグマン氏などの主流派経済学者を交えた大議論が巻き起こりました。

クルーグマン氏は、MMTを「経済モデルというよりもただの態度」とバカにしたように言っています。アメリカの経済学者でハーバード大学教授のケネス・ロゴフ氏は、「ナンセンス」と切り捨てました。

アメリカの経済学者で元財務長官のローレンス・サマーズ氏は、「ブードゥー経済学」と切り捨てています。ブードゥーというのは、ハイチなどで信仰されている呪術的な民間信仰で、科学性に欠ける理論だという揶揄になっています。要するに「いかがわしい経済学」として唾棄《だき》しているわけです。

著名な経済学者が批判しているから間違った理論だと思う人もいるかもしれません。しかし、主流派経済学者と非主流派経済学者は、昔からたがいに過度にケンカ腰なので、その点を割り引いて見る必要があります。

MMTが母体にしているポスト・ケインジアン（ポスト・ケインズ派経済学者）は、ジョン・メイナード・ケインズが属したケンブリッジ大学を牙城にしていた経済学者とその考えに賛同する経済学者の集まりです。有名な経済学者としては、イギリスのジョーン・ロビンソンやイタリアのピエロ・スラッファなどがいます。

対する主流派ケインジアン（ケインズ経済学者）の中では、いずれもノーベル賞を受賞したポール・サミュエルソンやジェームズ・トービンがよく知られています。同じケインズの名を冠していても、彼らとポスト・ケインジアンはむしろ敵対的な関係にありました。

ポスト・ケインジアンの主導者だったロビンソンは、一九七〇年代に主流派ケインジアンを「バスタード・ケインジアン」（似非ケインズ主義者）と罵って批判の的にしていたくらいです。ヨーロッパを主な活動の舞台にするポスト・ケインジアンとアメリカを主な活動の舞台にする主流派ケインジアンの間で大西洋を挟んでの大論争が巻き起こったこともありました。[2]

ニュー・ケインジアンvs.ポスト・ケインジアン

現代の主流派ケインジアンは、「ニュー・ケインジアン」と呼ばれています。ニュー・ケインジアンであるグレゴリー・マンキュー氏やデヴィッド・ローマー氏は、経済学の教科書を著しているので、世界的にかなり名が知られています。

空間経済学の分野でノーベル賞を受賞したクルーグマン氏は、マクロ経済学に関する研究や発言も多く、広い意味ではニュー・ケインジアンと言えるでしょう。

ニュー・ケインジアンは、ポスト・ケインジアンと字面は似ているけれど、かなり内実の異なるグループです。ニュー・ケインジアンの用いる分析道具は、ポスト・ケインジアンとはかなり異なっており、どちらかと言うと「新古典派」に近いと言えます。

新古典派というのは、市場はその調整メカニズムにまかせていれば円滑に機能するはずで、政府が

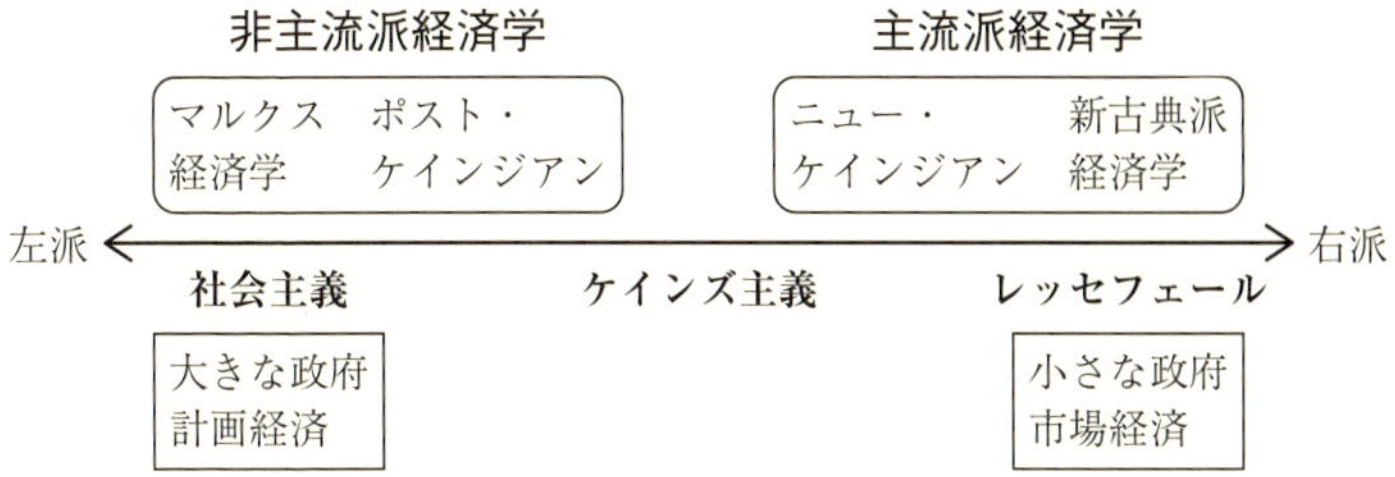

図1-5　経済学における右派と左派

介入する必要はないと考える傾向にある経済学の学派です。

図1−5のようにニュー・ケインジアンと新古典派の双方が「主流派」と分類されるべきであり、ポスト・ケインジアンはマルクス経済学とともに「非主流派」と位置づけられるべきでしょう。

ニュー・ケインジアンは新古典派ほどではないにせよ資本主義に肯定的です。それに対し、ポスト・ケインジアンは、自分たちこそケインズの直系と見なしていますが、それとともにマルクス経済学も部分的に取り入れており、資本主義にはそれほど肯定的ではありません。それゆえ、ニュー・ケインジアンを「ケインズ右派」として、ポスト・ケインジアンを「ケインズ左派」として位置づけることもできます。**図1−5**のように、ポスト・ケインジアンのさらに左側にマルクス経済学があります。

最近の主流派経済学者は、ポスト・ケインズ派経済学をマルクス経済学同様にナンセンスと見なしてまったく相手にしないか、その存在すら知らないかのおよそどちらかです。

ただし、ポスト・ケインズ派経済学がなんらかの形で脚光を浴びた場合は、全力で叩き潰そうとします。サマーズ氏が、MMTを「ブードゥー経済学」などと侮蔑するのも、そうした党派的な因縁の一環として見てとれます。

このように、経済学者は派閥に分かれてたがいに争い合う傾向が高い人たちです。他の学問分野では類を見ないほど派閥争いが盛んで、私はそれを「部族ごっこ」[3]と呼んでいます。経済学者には原始的な本能を宿した人が多いのか、すぐに部族ごっこが勃発してしまうのです。

それが経済学の面白いところではあるのですが、党派性にこだわるというのは、学者としてのあるべき姿ではありません。学者たるもの、仲間意識や敵愾心に惑わされずに、何が真実であるのかを徹底して考え抜くべきでしょう。

ＭＭＴはアメリカで言わば「炎上」したわけですが、それが日本にも飛び火しました。二〇一九年五月からは、日経新聞をはじめとする新聞やネットの記事、経済誌などで連日のように取り上げられるようになっています。

しかし、日本でもまたＭＭＴに対する理解を深めたうえでの批判ではなく、主流派からの「異端審問」になってしまっている記事が散見されます。要するに、異端派として頭ごなしに切り捨てるような態度です。もう少し、丁寧に議論を行う必要があるでしょう。

ＭＭＴが提起する議論は、それが正しいにせよ間違っているにせよ、日本の経済学者にとって、いまもっとも重要なテーマと言えます。なにしろ、政府は借金を増やすべきなのか減らすべきなのかといった大問題に関わってくるからです。

繰り返しになりますが、この問題は、日本の命運を決定づけると言ってもよいくらい重要なものです。それにもかかわらず、日本でもまた議論が感情的になされていたり、生半可な知識に基づいてなされていたりするのです。本書が、より生産的な議論を行うための土台になればと願っています。

MMTの主要な論点

さて、多くの論点を含むMMTですが、主流派との熱い論争を巻き起こすと思われるのは、

(1)財政的な予算制約はない
(2)金融政策は有効ではない（不安定である）
(3)雇用保障プログラムを導入すべし

の三点です。

繰り返しになりますが、「財政的な予算制約はない」と言っても、過度なインフレにならない程度という上限があります。

この上限を度外視してMMTを「トンデモ理論」だと批判する人が散見されますが、それでは藁《わら》人形論法になってしまいます。論敵の主張を藁人形のようにすぐに倒せそうな形に歪めてやっつけているに過ぎないというわけです。

金融政策というのは、日銀のような中央銀行が行う政策で、貨幣量（お金の量）や利子率を操作し

て、インフレ率や失業率を調整することを目的としています。MMT派は、このような政策は有効ではないかかなり不安定なので、金融政策は適切な政策ではないと見なしています。

それでは、どのようにしてインフレ率や失業率を調整すればよいかというと、それが「雇用保障プログラム（Job Guarantee Program）」です。よくJGPとかJGと略されていて、希望する失業者をすべて政府が雇い入れて仕事をさせるという制度です。

景気が悪いときに、経済はデフレ気味になります。その際、JGPが導入されていれば、失業者をたくさん雇い入れるために政府支出が増えて、それによって景気が刺激され、物価の下落が抑えられます。

逆に、景気が良いときに、経済はインフレ気味になります。そうすると民間の雇用が増え賃金も上昇するので、政府に雇われていた人はもっと給料の高い仕事を求めて民間企業に勤めるようになるので、政府の支出が減ることにより景気が抑制され、インフレ率は低下します。

ほとんどの主流派経済学者は、(1)～(3)のいずれにも否定的です。私自身は、(1)「財政的な予算制約はない」については賛成であり、(2)「金融政策は有効ではない」と(3)「雇用保障プログラムを導入すべし」については、頭ごなしに否定するわけではないけれど、かなりの違和感や疑問があるという立場です。

つまり、私もMMTに全面賛成ではありません。それでも、すでに述べたとおり、現在の日本経済という文脈では、(1)「財政的な予算制約はない」はとても重要な論点だと捉えており、本書のような書籍を執筆しているわけです。

一点注意が必要なのは、MMTはあくまでも貨幣理論なので、「貨幣とは何か？」という話が理論の中軸を成しています。そこから、もちろん政策提言も出てくるわけですが、「ある程度のインフレ率になるまで政府の借金を増やしつつ財政支出を拡張すべし」ということを積極的に主張しているわけではありません。

アメリカのMMT派経済学者でニューヨーク州立大学教授のステファニー・ケルトン氏は、来日した折に日本経済について問われて、「消費税を増税すべきではない」と発言していました。他のMMT派経済学者も、問われれば恐らく同じように答えるでしょう。

それでも、財政支出を増やしたり減らしたり、増税したり減税したりして、景気を人為的にコントロールすることを最上のマクロ経済政策と考えているわけではありません。そうではなく、政策提言としてはあくまでも、「雇用保障プログラム（JGP）」によって完全雇用を実現しつつ、その自動的な調整作用によって、景気をコントロールすべきだと考えているわけです。

したがって、JGPを抜きにして拡張的財政政策を正当化するためにMMTを利用するというスタンスは、MMT派から批判される可能性があります。その当否はともかくとして、私もそうした批判を受けた者の一人であることを、念のため読者のみなさんにお知らせしておきます。

なお、アメリカのMMT派経済学者でバード大学教授のランダル・レイ氏は、MMTのまさに貨幣的な議論とJGPは地続きであると言いながらも、

MMTの説明的な部分を利用したいならば、それも可能である。MMTの説明は政策立案のための枠組みを提供するが、政府が何をすべきかに関しては意見を異にする余地がある。[4]

と、政策提言部分については、寛容さを示しています。

私は、とくにその政策提言部分について、MMTとは異なる考えをもっています。のちの章ではその点についても論じたいと思います。

第2章

貨幣の正体

お金はどのようにして作られるか?

貨幣はデータに過ぎない

前章で述べたように、いまの日本経済という文脈では、MMTのもっとも重要な主張は、「財政的な予算制約はない」ということになるでしょう。

もう少し正確に言うと「自国通貨をもつ国は過度なインフレにならないかぎり、政府はいくらでも借金できる」というものです。その背景にあるのは、貨幣というのは約束事であり記録に過ぎないという考えです。

一万円札というのはただの紙切れであり、日本銀行が「一万円」として印字しているから、価値をもっているに過ぎません。紙幣というのは「紙の約束」[5]なのです。

一万円札を一枚発行するコストはわずか二〇円ほどなので、政府は国民にお金を返そうと思ったら、お札を印刷して返せばよいのです。血税を搾り取って、借金の返済に充てる必要は必ずしもないというわけです。

さらに言うと、世の中に出回っている貨幣は「現金」と「預金」から成り立っていて、ほとんどのお金は預金です。預金の正体は何かと言うと、いまではコンピュータ上のデータに過ぎません。

銀行に一〇〇万円のお金を預金しているからといって、銀行が一〇〇万円分の紙幣を金庫に入れて保管しておいてくれるわけではありません。銀行のコンピュータ上に一〇〇万円に相当するデータがあるというだけのことです。

貨幣がコンピュータ上のデータに過ぎないのであれば、いくらでも無から貨幣が作り出せることになります。コンピュータがない時代には、帳簿がその役割を果たしていました。帳簿に一〇〇万円と書けば、一〇〇万円がそこに生じたことになります。ＭＭＴでは、「万年筆マネー」という言葉が頻繁に用いられます。これは、まさに万年筆で帳簿に書き入れることによってお金が生まれることを意味します。

なお、「万年筆マネー」は、ＭＭＴ派ではなく主流派のノーベル賞受賞経済学者であるジェームズ・トービンの言い出した言葉として知られています。

ＭＭＴ派では、「キーストロークマネー」という、より現代の実情に即した言葉も使われます。これは、コンピュータのキーボードを叩くことでいくらでもお金を生み出せることを意味します。

こうしたことは当たり前の事実を言っているだけで、ＭＭＴの専売特許というわけではありません。ただし、主流派経済学者はともすると、貨幣を無からいくらでも作り出せるという事実を忘却したかのような物言いをすることがあるので、ＭＭＴ論者としては改めて強調しておく必要があったのです。

主流派経済学者は（みんながみんなではありませんが）、貨幣をあたかも石油や金属のような希少な資源であるかのように見なしがちです。それゆえに、政府支出は必ず税でまかなわなければならないと考えてしまい、貨幣を作り出してそれを支出に充てるという方策を採用したがらないのです。

貨幣の分類と貨幣発行益

「紙幣」や「預金」のような実質的な価値をもたない貨幣を「名目貨幣（信用貨幣）」と言います。一般には、歴史上存在した貨幣のすべてが名目貨幣であるわけではないと考えられています。

教科書的には、図2－1のように、貨幣はまず「実物貨幣」と「名目貨幣」に分類できます。実物貨幣は、金《きん》や小麦のようにそのものに実質的な価値があるような貨幣です。

実物貨幣は、さらに「商品貨幣」と「金属貨幣」に分けられ、金属貨幣は「鋳造《ちゅうぞう》貨幣」と「秤量《ひょうりょう》貨幣」に分けられます。

鋳造貨幣は、いわゆるコインであり、王や政府といった主権者によって価値が保証されています。売買の際には個数を数えるだけで使用することができるので便利です。

実物貨幣
- 商品貨幣
  小麦、家畜
- 金属貨幣
  鋳造貨幣：いわゆるコイン
  秤量貨幣：交換の際に貴金属の重さを測って使う

名目貨幣（信用貨幣）
- 預金貨幣や紙幣

図2–1　貨幣の分類

それに対し、秤量貨幣というのは政府の保証はなく、売買の際に貴金属の重さを測って使う貨幣です。中国の清の時代には、銀が秤量貨幣として流通していました。コインの形をしていない銀の塊を売買に使用していたというわけです。

このように、鋳造貨幣は秤量貨幣とともに、金属貨幣に、そして実物貨幣に一般には分類されるわけです。MMTではこうした通説に反して、鋳造貨幣も紙幣同様に、実物貨幣ではなく名目貨幣であるとしています。

この問題を議論するには多くの紙幅が必要なので、ここでは鋳造貨幣には名目貨幣的特徴もあるということを指摘するにとどめておきましょう。

一九八六（昭和六一）年に日本政府は、天皇陛下御在位六〇年記念金貨を一〇万円で売りに出しました。この金貨は、含まれる金《きん》の価値がおよそ四万円相当であるにもかかわらず、名目的には一〇万円の価値をもちます。

この場合の四万円を貨幣の「素材価値」、一〇万円を貨幣の「額面価値」と言います。つまり、この金貨は、四万円の素材価値しかないわけですが、お店に行ったら一〇万円分の買い物に使えるわけです。素材価値にかかわらず、国が定めた額面で流通するという意味で、この記念金貨は名目貨幣と言えなくもないのです。

店側としては、法的にこの金貨の受け取りを拒否できませんし、客が金貨を使って一〇万円分の商品を購入するのも拒否できません。こうした貨幣の額面価値で決済できる力を、「強制通用力」と言います。

歴史上存在したコインもたびたび、素材価値と額面価値の乖離《かいり》がありました。ランダル・レイ氏は、古代ローマのコインを例に出してこう言っています。

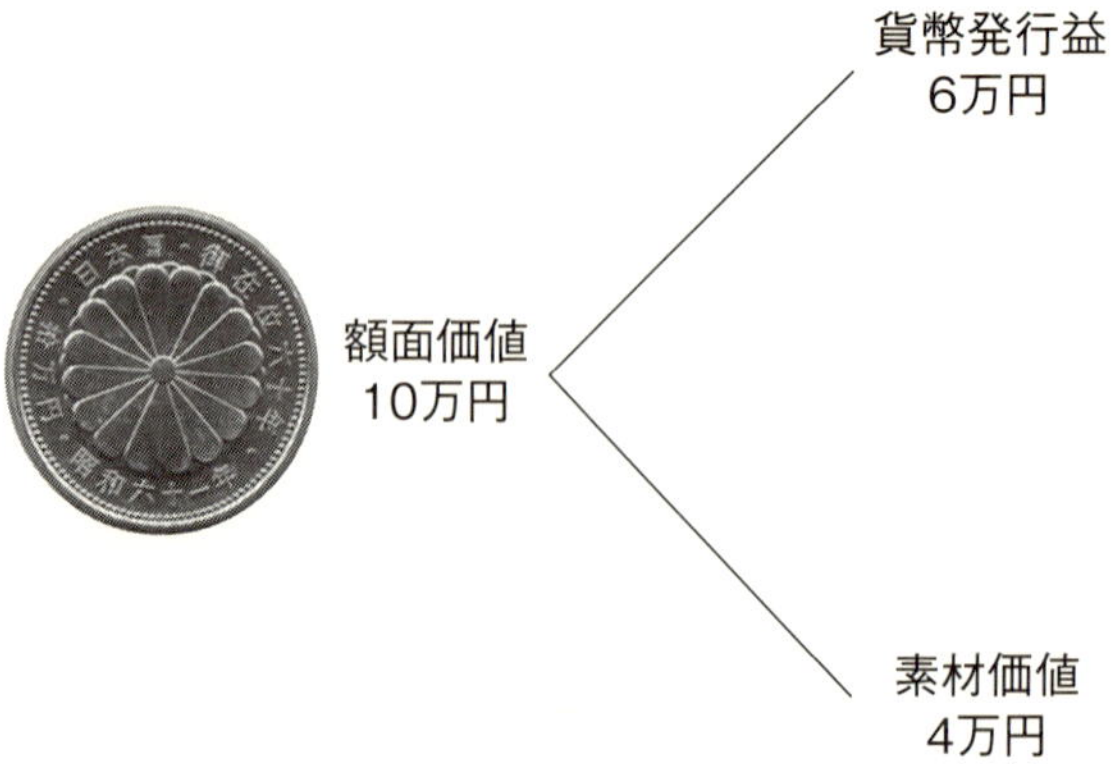

図2–2　貨幣発行益

ローマの硬貨も貴金属を含んでいた。しかし、ローマ法はいわゆる「名目主義」を採用していた。それは、硬貨の名目的な価値は素材である金属の価値によって決定される（「金属主義」）わけではなく、権力によって決定されるという考え方である。ローマの硬貨制度は適切に管理されており、貴金属の含有量は硬貨ごとに異なったものの、硬貨の品質低下やインフレに関して大きな問題は生じていなかった。[6]

コインに含まれる貴金属の量が異なったとしても、権力によって定められた同じ額面で流通していたというのです。それを指して確かに名目主義と言うことはできるでしょう。

なお、前述した記念金貨の発行で日本政府は、元来四万円しか素材価値のない金貨を一〇万円で売ったので、その差額だけ儲けることができました。図2－2のように、四万円を一〇万円から引いた残りの六万円が政府の利益になります（実際にはコインを造るのに若干の鋳造費用が掛かる）。貨幣を発行することで得られるこのような利益は、「貨幣発行益」と呼ばれています。

貨幣発行益は英語で「シニョレッジ」といい、その語源は「シニョール（領主）」です。中世ヨーロッパにおいて封建領主は、コインの額面価値と素材価値の差から盛んに貨幣発行益を得ていたのです。

江戸時代の日本でも改鋳によって、度々小判（金貨）や丁銀（銀貨）の「品位」を低下させていました。「品位」というのは、コインに含まれる金や銀の量です。コインの額面をそのままにして含有量を減らし素材価値を下げることで、江戸幕府は貨幣発行益を得ていたのです。

現代の一万円札の場合は、発行コストが一枚あたり約二〇円なので、現代の多くの国々のように、残りの約九九八〇円が発行元の日本銀行（日銀）の貨幣発行益ということになります。実を言うと、政府ではなく日銀のような中央銀行が貨幣を発行する場合はもう少し複雑な議論が必要となるのですが、ここではその議論を省略します。[7]

パパの名刺をあげるよ

紙切れでしかないお札に価値があるのはなぜか？　という疑問は、誰しもいちどは抱いたことがあるでしょう。

貨幣の価値に関する議論については、もともと「金属主義」という考えがありました。それは、物々交換では面倒なので、金属のような価値ある商品が交換の媒介を一手に果たすようになったというものです。

それに対して、ドイツの統計学者ゲオルグ・フリードリッヒ・クナップが二〇世紀初頭に唱えた「貨幣国定説」は、貨幣の価値を担保しているのは国家による法的な強制力であるという学説です。

現在では、紙切れでしかない紙幣やコンピュータ上のデータでしかない預金通貨が、貨幣として立派に流通しています。だから、金属主義は間違っていて、貨幣国定説のほうが妥当性があるのではないかと考えられるわけです。

MMTは貨幣国定説の一種である「租税貨幣論」に基づいて貨幣を論じます。これは、実質的な価値のない貨幣が価値をもち得るのは、それを使って税を納められるからだという説です。

MMTの創始者と目されるウォーレン・モズラー氏の実体験である「モズラーの名刺の逸話」は、租税貨幣論の理解の手助けになります。モズラー氏は、大学教員のようなアカデミックな学者ではなく、「モズラー・オートモーティブ」というヘッジファンドを設立した投資家であり、エンジニアでもあります。投資で大儲けしたようで、プール付きの大邸宅に住んでいます。

そんなモズラー氏は、子供たちが家の手伝いをしないことを不満に思っていました。そこで、「家の手伝いをしたらパパの名刺をあげるよ」と子供たちにもちかけたのです。皿洗いや庭の芝刈りをしたら名刺を渡すというわけです。

ところが、子供たちはいっこうに手伝いをしようとしません。なぜかと聞いたら、「だって、パパの名刺なんて欲しくないから」と答えるではありませんか。当たり前です。むしろ、どうして名刺を渡すなどという不可思議な発想に至ったのか、皆目見当がつきません。

そこでモズラー氏は、子供たちに手伝いをさせるために、月末に三〇枚の名刺を納めることを義務づけました。名刺を納めないとこの邸宅から追い出すぞと脅したのです。酷い話ですが、ともかくそれで子供たちが目の色を変えて手伝いをしはじめたことは言うまでもありません。

なお、モズラー氏にとって名刺という紙切れには大した価値はありません。子供たちから受け取った名刺はシュレッダーにかけてしまっても、すぐに印刷できるので特に問題ないのです。もちろん、名刺を再利用してまた子供たちに配ってもかまいません。重要なのは、モズラー氏は名刺が欲しくて子供たちからもらっているわけではなく、子供たちに手伝いをさせるために受け取っているということです。

この名刺は、もちろん貨幣のアナロジー（類似的な概念）になっており、モズラー氏が実際に体験したというこの小話から三つのことが導けます。

一つ目は、納税より先に政府支出があるということです。モズラー氏は手伝いをした子供たちに名刺を渡しました。これは公共事業を行った業者に政府がお金を支払うことに類似しています。子供たちがパパに名刺を渡すという納税相当の行為を行うのはその後です。

二つ目は、納税によって貨幣は価値をもつようになるということです。名刺はただの紙切れなので、パパへ上納すべきチケットでもないかぎり、子供たちはそれを欲しがりません。同様に、紙幣はただの紙切れなので、納税すべきチケットでもないかぎり、誰もそれに価値があるなどと思わないというわけです。

三つ目は、租税は財源ではないということです。モズラー氏が名刺を欲しがらないのと同様に、政府も貨幣が欲しいわけではありません。名刺にせよ紙幣にせよ印刷すれば済む話です。租税を徴収しなかったとしても、政府は紙幣を印刷することで（キーボードを叩くだけで）、いくらでも財源を作り出すことができます。

政府が支出してから国民は納税する

当たり前ですが、私たちは通常お金を作らないし、作ったとしてもそれで納税はできません。したがって、まず政府がお金を使わなければ、私たちは納税すべきお金を得ることができません。「支出が先で、租税は後[8]」というわけです。

MMTでは、これを「スペンディング・ファースト」と呼んでいます。「支出」（スペンディング）が「最初」（ファースト）ということです。

主流派経済学では、まず租税があってそれを財源に政府支出を行うと考えます。それに対しMMTでは、まず政府支出があって、国民はそれによって得たお金を納税します。

MMT派経済学者のレイ氏が言うように、近代的な貨幣制度が確立する以前であれば、スペンディング・ファーストは明瞭な事実です。というのも、コインで納税するのであれば、国王や領主などの主権者がまず発行したコインを支出に充てなければならないからです。

政府支出なしに私たちが納税できないのは、考えてみれば当たり前のことです。ただ、日銀のような中央銀行を主軸とした近代的な貨幣制度の下では分かりにくくなっています。

税金は財源ではない

ＭＭＴが言うように、まず政府支出ありきというのであれば、租税は財源としては必要ないという話になってくるわけです。そうかといって、ＭＭＴは税金をとらない国「無税国家」を推奨しているわけではありません。

先ほど紹介した「モズラーの逸話」から分かるように、租税がなければ貨幣は価値をもちません。逆に言うと、租税の目的は貨幣を流通させるためにこそあります。そのような貨幣の有様を指してＭＭＴは「タックス・ドリブン・マネー（租税駆動型貨幣）」と言っています。

租税が貨幣の価値を保証するという見解は格別変わったものではありませんが、ＭＭＴは「租税の目的は貨幣の価値を保証することにある」と主張する点において独自性があります。

租税の目的は財源の確保にあると誰しも思うでしょうし、ほとんどの経済学者もそう考えています。ところが、ＭＭＴでは、租税の目的が財源の確保であることを明確に否定しています。

政府は国民に対し、納税義務を課します。貨幣は納税義務を果たすためのチケットであり、国民はこのチケットを手に入れなければなりません。それゆえに、このチケットつまり貨幣は価値をもつのです。租税はそのためにこそあって財源ではないので、貨幣を市中から回収してしまったら用済みです。

　前述したとおり、そもそも貨幣のほとんどは預金であってコンピュータ上のデータです。たとえば、私たちが一〇〇万円を紙幣で納税しても、結局は政府預金（政府が中央銀行にもつ当座預金）のデータとして、一〇〇万円が加わるだけのことであって、政府自身が紙幣を手に入れて支出に充てるわけではありません。

　モズラー氏は、納税者が税務署に紙幣で支払うと、スタッフはデータ入力した後に紙幣をシュレッダーにかけるということを言っています。[9]

　日本の税務署がシュレッダーにかけているかどうか分かりませんが、そのすべてを廃棄してもほとんど問題にはなりません。紙幣が必要ならばまた二〇円ばかりのコストを掛けて印刷すればよいのです。

　一万円札を廃棄したら、一万円の富が失われる。私たちミクロな個人はそう考えてしまいがちです。しかし、一国の経済というマクロ的視点で見たら、一万円札を廃棄しても失われる富はせいぜい二〇円です。

　政府は紙幣が欲しいわけではないし、貨幣を欲しているわけでもありません。政府はキーボードを叩けば、自分の預金口座にいくらでも貨幣を生み出すことができるからです。

銀行がお金を作る仕組み

ＭＭＴが立脚する貨幣論には、「租税貨幣論」の他に「信用貨幣論」があります。これは、「信用」から貨幣が生じるという理論であり、イギリスの経済学者ラルフ・ホートリーによって最初に唱えられました。

「信用」というのは、経済・金融の分野でよく使われる用語で、債権・債務の関係を意味します。つまり、お金の貸し借りの関係ということです。

経済学を習ったことのない人の中には、貨幣のすべては日銀のような中央銀行によって発行されると思っている人が少なくないでしょう。

しかし、実際には貨幣の多くは、みずほ銀行やりそな銀行といったような民間銀行によって作られます。民間銀行は企業などへの貸し出しによって貨幣を創造するわけで、そのことを「信用創造」と言います。信用創造について、まずは一般的な経済学の教科書に載っているような説明をしてみましょう。

たとえば、**図2－3**のように、Ａさんが民間銀行に一〇〇万円の預金をしたとしましょう。次に、**図2－4**のように、民間銀行がこの内一〇万円だけを保管しておいて、残りの九〇万円を現金でＢさんに貸し出したとします。

この時点で、Ａさんは自分のお金が一〇〇万円分銀行にあると思っているし、Ｂさんも自分は九〇万円を手にしていると思っていることになります。現金だけではなく、預金もお金だと考えているわけです。

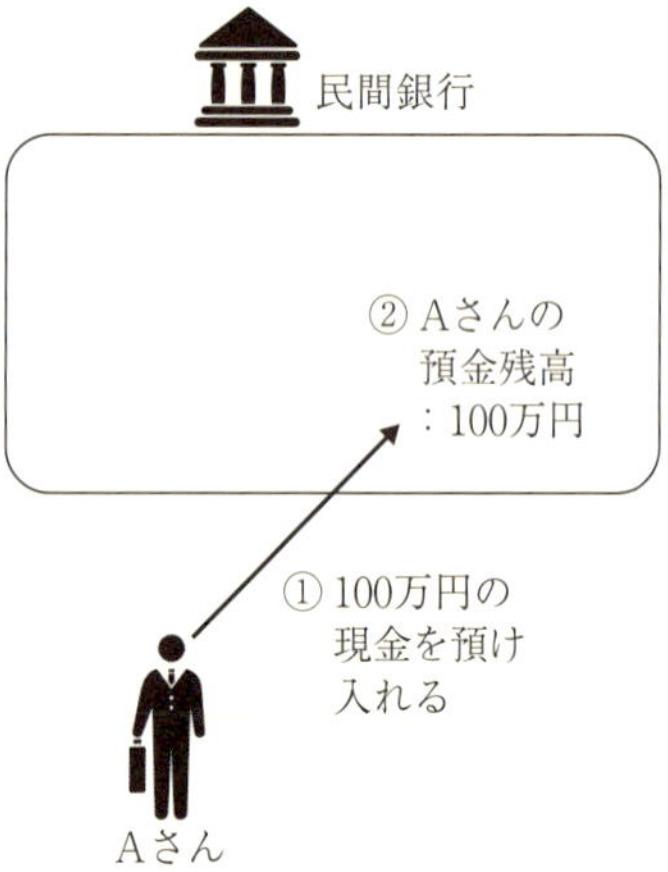

図2-3　信用創造（主流派１）

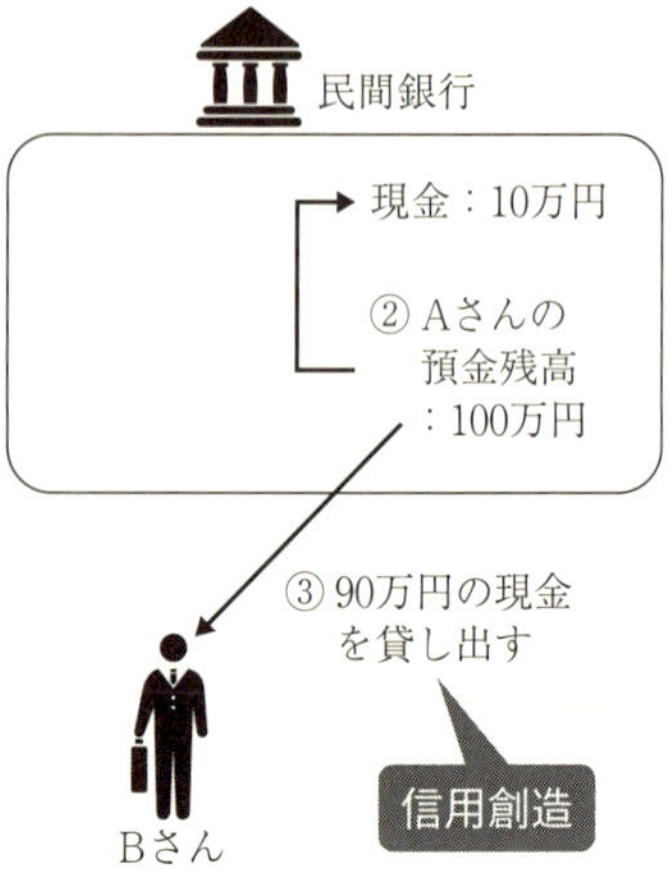

図2-4　信用創造（主流派２）

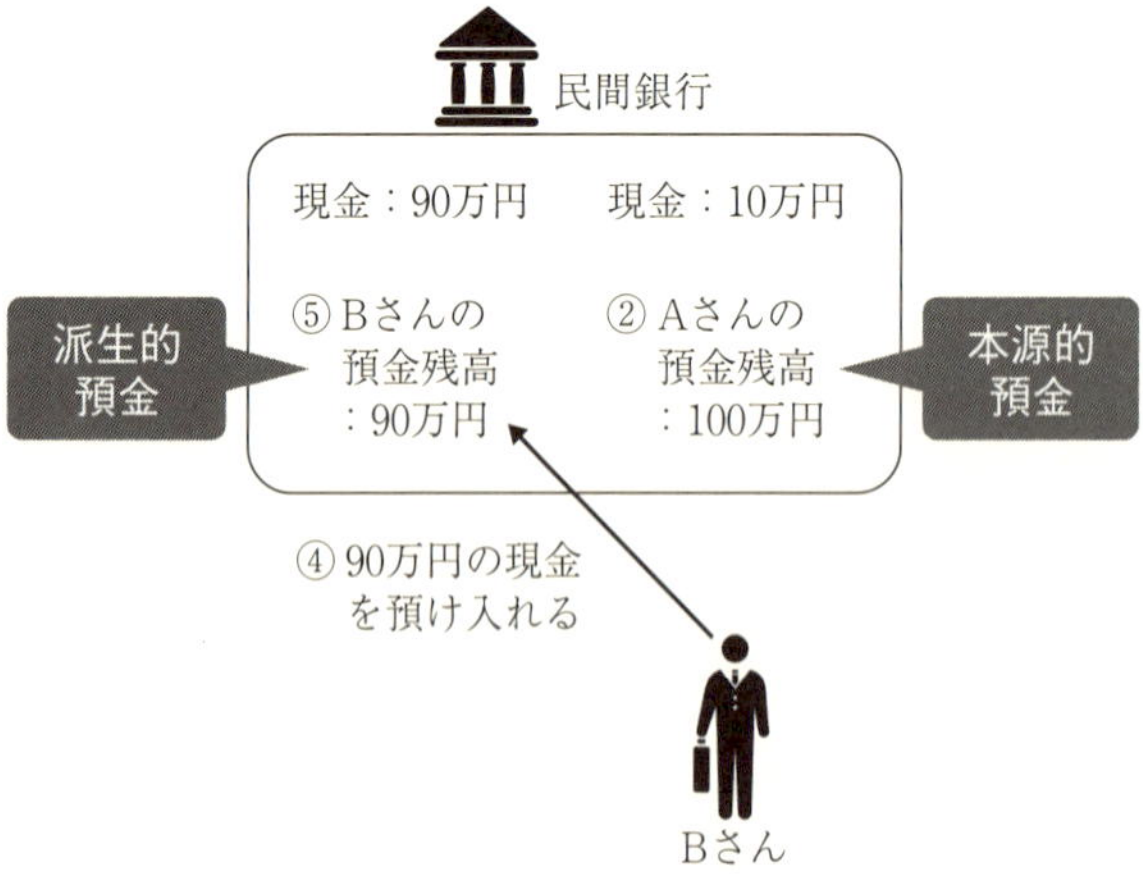

図2-5　信用創造（主流派３）

すると、世の中にはいま、これらの合計である一九〇万円のお金が存在することになります。元々一〇〇万円だったお金が一九〇万円に増えているので、貨幣量が増えていることになります。これが信用創造です。

なお、**図2－5**のように、Bさんが九〇万円を銀行に預けると、預金貨幣が一〇〇万円から一九〇万円に増えたことになります。この場合、最初にAさんがお金を預けたことによって作られた預金貨幣を「本源的預金」と言い、Bさんがお金を預けたことによって作られた預金貨幣を「派生的預金」と言います。

以上のことは、詐欺かなにかのように思われるかもしれません。ですが、このメカニズムは、マクロ経済学のほとんどの教科書に載っている信用創造についての標準的な説明です。

ところが、この「標準的な説明」は実情とはかなり異なっています。MMTはその点を強調します。すなわち、預金があって貸し出しが行われるのではなくて、貸し出しの際に預金が作られるというわけです。

さきほど、Bさんに対し現金で九〇万円貸し出しました。しかし、現在では銀行が現金で貸し出しを行うことはまずありません。その代わりに、**図2－6**のように、Bさんに銀行口座を作ってもらい、その口座に九〇万円と書き入れることで、お金を貸し出します。このとき、預金貨幣は一九〇万円となり、貨幣量が増大します。

Bさんの口座に九〇万円と書き入れる代わりに、**図2－7**のように、いきなり七〇〇万円とか五〇

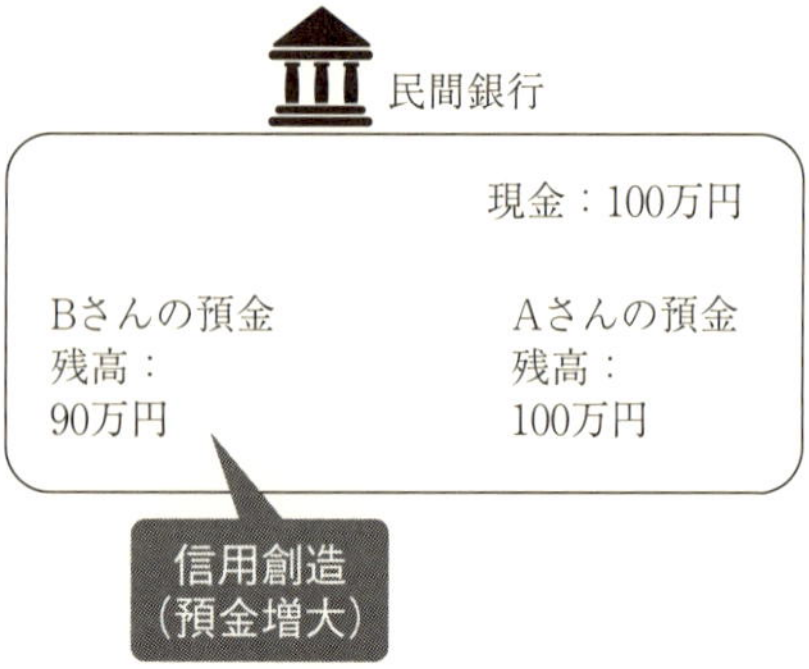

図2-6　信用創造（MMT1）

図2-7　信用創造（MMT2）

〇〇万円と書き入れることも可能です。

銀行が作るお金もコンピュータ上のデータに過ぎないので、キーボードを叩くだけで預金貨幣を創造し貸し出すことができます。そうすると、最初にAさんが預け入れた一〇〇万円というのは貸し出しの際の制約にはもはやなり得ません。

これは突飛なように聞こえるかもしれませんし、マクロ経済学の教科書にはほとんど載っていないことです。しかし、銀行業の実務に精通している人にとっては当たり前の事実です。たとえば、三井銀行の社長だった板倉譲治はこう言っています。

銀行の場合には貸出しによって創造される資金自体をその貸出しの元手として使用することが出来るのであって、予め別に資金を用意していなくても貸出は可能なのである。[10]

すなわち、民間銀行は資金を集めて貸し出すのではなく、自ら貨幣を作り出してそれを貸し出すのです。

主流派経済学者は、まず家計が民間銀行に預金し、その預金を基に企業に貸し出しを行うと考えがちです。これを「又貸し説」と言います。その後企業は、賃金や配当といった形で家計にお金を供給します。しかし、この順番だとそもそも家計は最初に預金すべきお金をどこから得たのか謎が残ります。

それに対し、ＭＭＴはまず貸し出しの際の預金通貨の創造があり、そのお金を企業は投資や賃金の支払いに使います。賃金を得た家計はそのお金の一部を預金します。要するに、ＭＭＴが主張しているのは、又貸し説は間違いであって、万年筆マネー論が正しいということです。

貸し出しの際に預金通貨が創造されるということは、貸し出しを行う度に世の中に出回るお金「マネーストック」（現金＋預金）が増えていくことを意味します。

板倉はこうも述べています。

貸出がふえることによって、その結果として、マネー・サプライがふえるのであり、マネー・サプライをふやせば貸出がふえるなどと考えるのは逆であり、誤解であります。[11]

「マネーサプライ」は「マネーストック」と同じ意味の言葉で、世の中に出回っている貨幣のことです。板倉は、民間銀行が貸し出しを行うことによってマネーストックが増大すると言っているわけです。そうであれば、企業は民間銀行からいくらでもお金を借りられるということになります。

彼らは、預金が貸し出しに回っているのであり、政府が民間銀行から借金を続ければいつかは預金でまかない切れなくなり、それ以上の借金は不可能になると考えていたのです。しかし、実際には貸し出しの度に預金は増大していたので、預金残高は上限としての意味をなさなかったのです。

二種類の貨幣とブタ積み

貨幣制度について理解するために、ここで「預金準備」の説明もしておきましょう。私たちは民間銀行にお金を預けるために預金口座をもっています（図2－8）。それと同じように、民間銀行は中央銀行にお金を預けるために当座預金の口座をもっています。

日本であれば、この預金は「日銀当座預金」と呼ばれています。この当座預金に貯まっているお金を「預金準備」と言います。教科書的な説明をすれば、図2－4の保管した一〇万円が、中央銀行に預けられて預金準備となります。

図2－9は民間銀行のバランスシートです。資産側に預金準備、国債、貸出があり、負債側に預金があります。複式簿記になじみのない人は、民間銀行の保有する資産である預金準備、国債、貸出と同じだけの預金があると考えてもらえれば十分です。

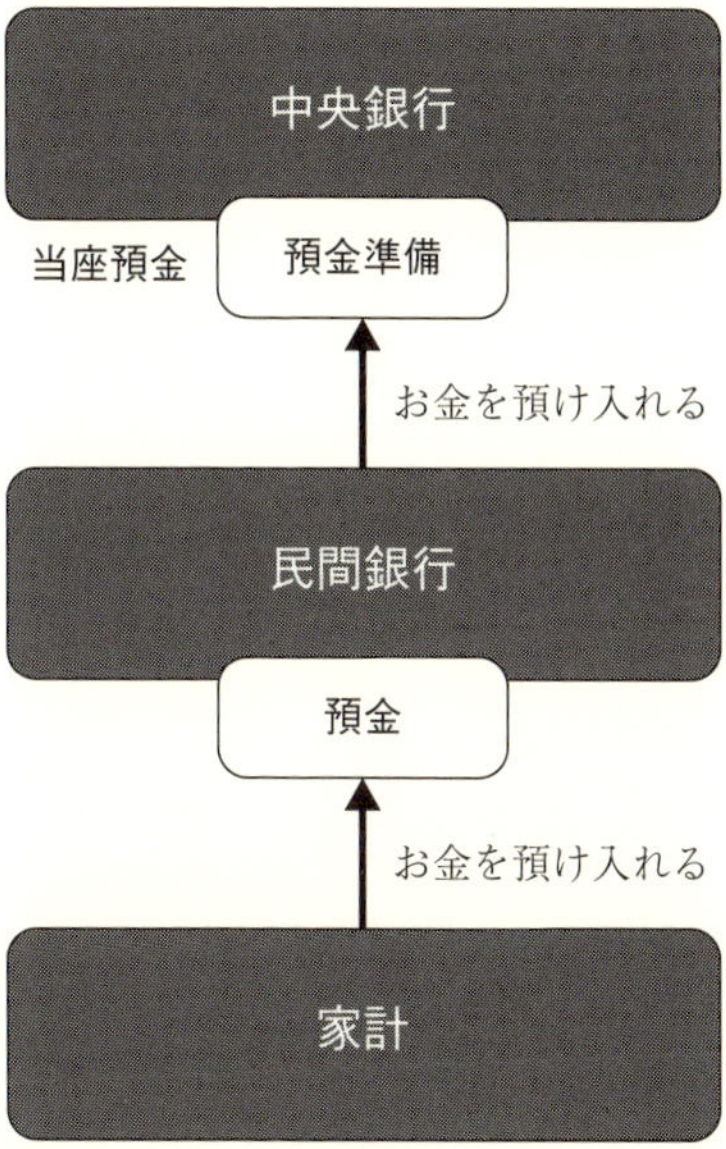

図2-8　預金と預金準備

図２－10のように、預金準備と現金をまとめて、「マネタリーベース」と言います。マネタリーベースは、中央銀行が直接発行できるお金です。

それに対し、「マネーストック」（現金＋預金）は、世の中に出回っているお金です。預金準備は、民間銀行が中央銀行に預けているお金なので、世の中には出回っていかないのです。図２－８に表されているように、家計が預金準備を扱うことは基本的にはありません。家計は、現金や預金で買い物をしますが、預金準備で買い物はしないのです。

一口に貨幣量と言っても、マネタリーベースなのかマネーストックなのか明確に分けて考えることが重要です。経済学者にも両者をごっちゃにさせて論じている人が少なくありません。

マネタリーベースに対するマネーストックの割合を「信用乗数（貨幣乗数）」と言います。主流派のマクロ経済学の教科書では、この信用乗数が一定であるかのような説明がなされていることがあります。

もし一定であれば、中央銀行がマネタ

リーベースを増大させれば、同じ割合でマネーストックが増大することになるでしょう。そうすると、マネーストックは中央銀行によってコントロールできるということになります。

図2-9　民間銀行のバランスシート

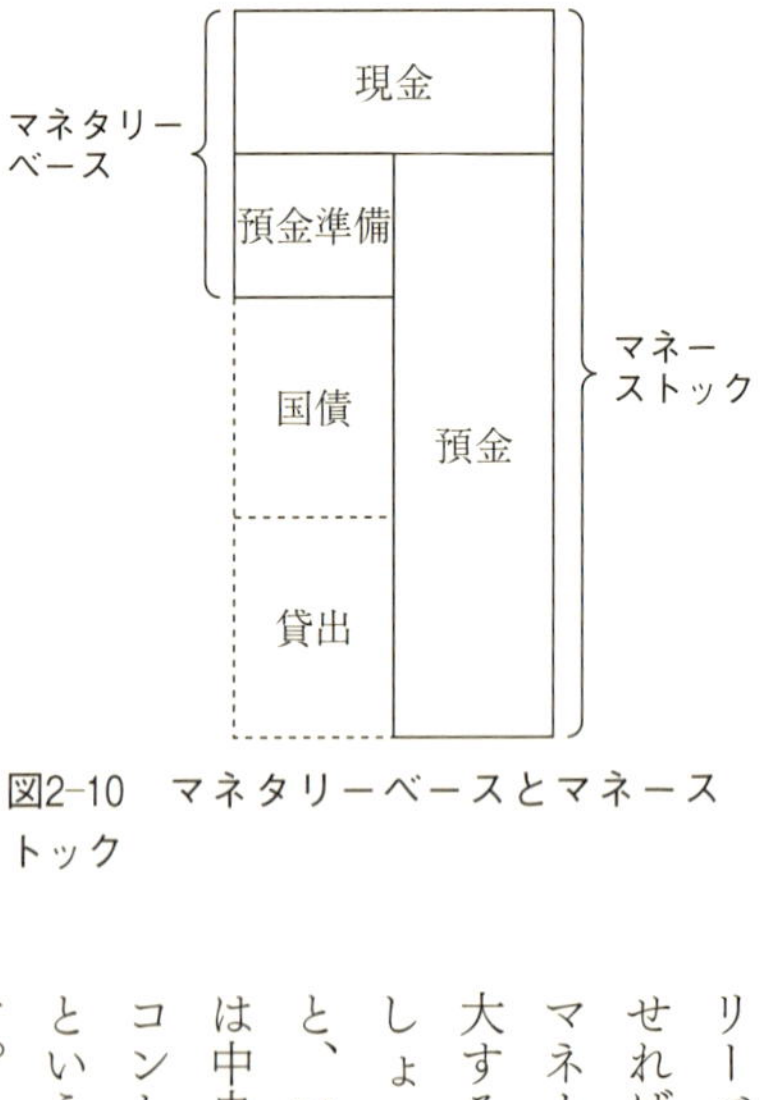

図2-10　マネタリーベースとマネーストック

それに対し、ＭＭＴ派経済学者のみならず金融の実務に通じたエコノミストからも、信用乗数は一定ではないということがたびたび強調されています。たしかに信用乗数は、マネタリーベースに対するマネーストックの割合として、後から計算されるものであって、最初から定まっているものではありません。

マネタリーベースを減少させることでマネーストックを減少させられても、マネタリーベースを増大させることでマネーストックを増大させることは必ずしもできなくて、その際に信用乗数が低下してしまうことがあります。これはよく、「ひもで引っ張れても、ひもで押せない」というたとえで説

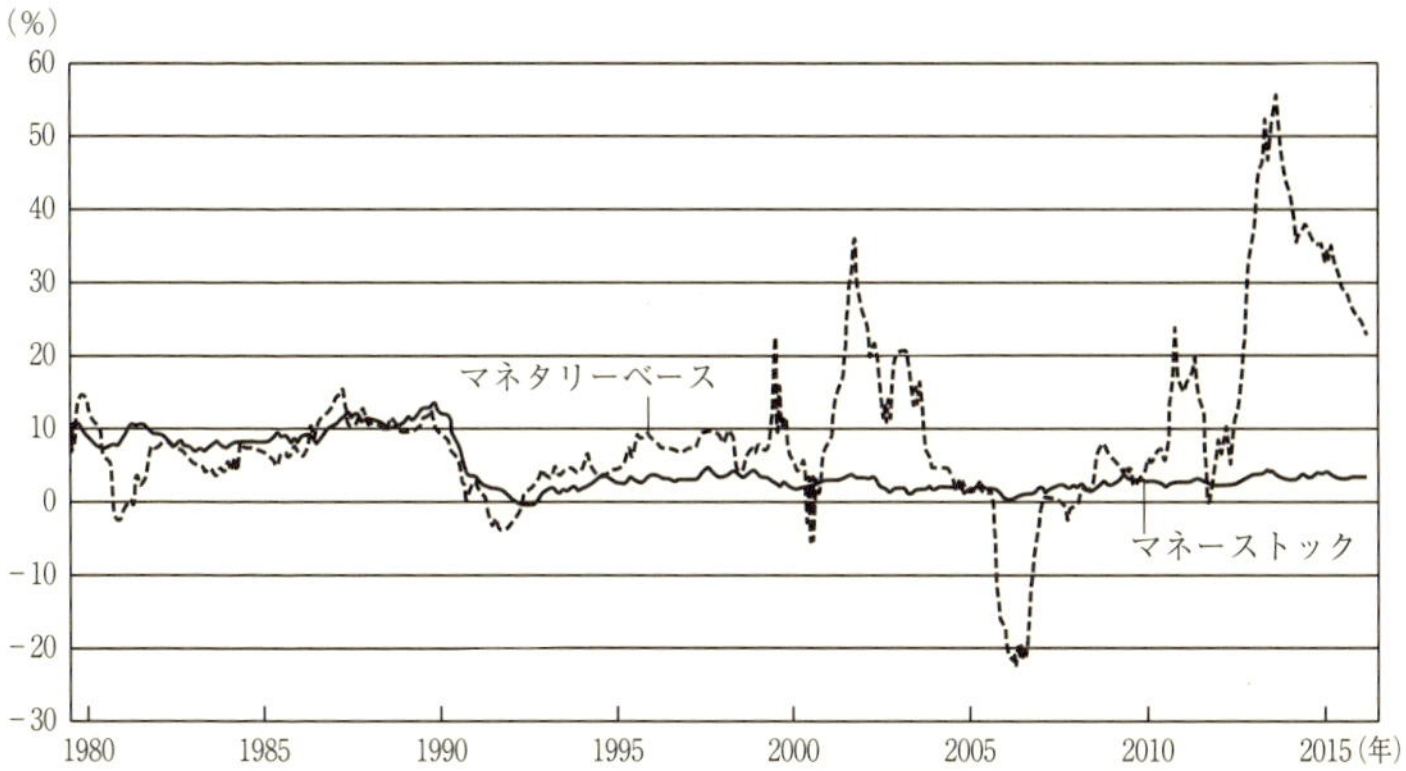

図2-11　マネーストック及びマネタリーベースの増大率（日本銀行より。マネタリーベースの増大率：平残前年比　マネーストックの増大率：M2／平残前年比）

明されています。

実際に、一九九九年のゼロ金利政策導入以降は、**図2-11**のようにマネタリーベースの増大率が劇的に高まっても、マネーストックの増大率はほとんど影響を受けず、およそ二パーセントの低位安定状態にありました。これを私はマネタリーベースとマネーストックの「デカップリング」と呼んでいます。

預金に対してどの程度の預金準備が必要かということは、法律で定められており、その割合を「法定準備率」と言います。**図2-9**における預金準備の預金に対する割合は法定準備率以上でなければなりません。

たとえば、法定準備率が一パーセントで預金が二〇〇万円であれば、二万円以上の預金準備が必要ということになります。

つまり、二万円が最低限必要な預金準備であり、これを「法定準備」と言います。このように、一定の率での預金準備を義務づけるような制度を「預金準備制

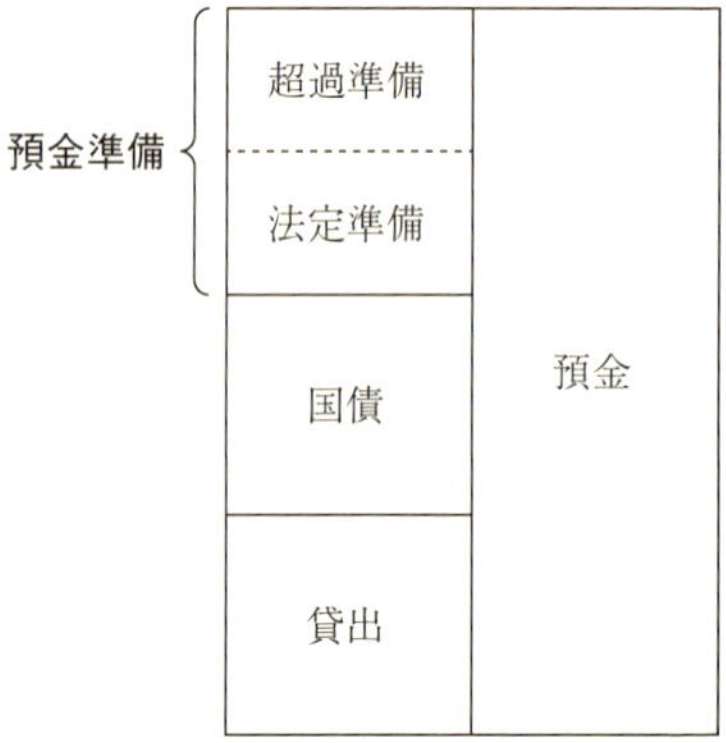

図2-12　超過準備

度」と言います。

一九九九年以前の日本は、法定準備をギリギリ満たしている状態で、その基準を超えて預金準備を蓄えるということがほとんどありませんでした。しかし、ゼロ金利政策導入以降は、法定準備を大幅に超えた預金準備を蓄えるようになっています。

これは「超過準備」あるいは俗に「ブタ積み」と言われています（図2－12）。無駄に積まれたお金と見なされているからです。この超過準備（ブタ積み）の存在こそが、デカップリングが生じた原因と考えられるでしょう。

補足　納税と政府支出のプロセス

信用創造や預金準備制度を含む、近代的な貨幣制度の基本的なところを説明し終えたので、ここで納税と政府支出のプロセスを説明しましょう（この補足は面倒であれば読み飛ばしてもらってもかまいません）。

国民が一〇〇億円納税し、政府がジェット機を買うケースを想定します。

私たち国民（家計）が、銀行振り込みで一〇〇億円納税する場合のプロセスは、図2－13の(1)

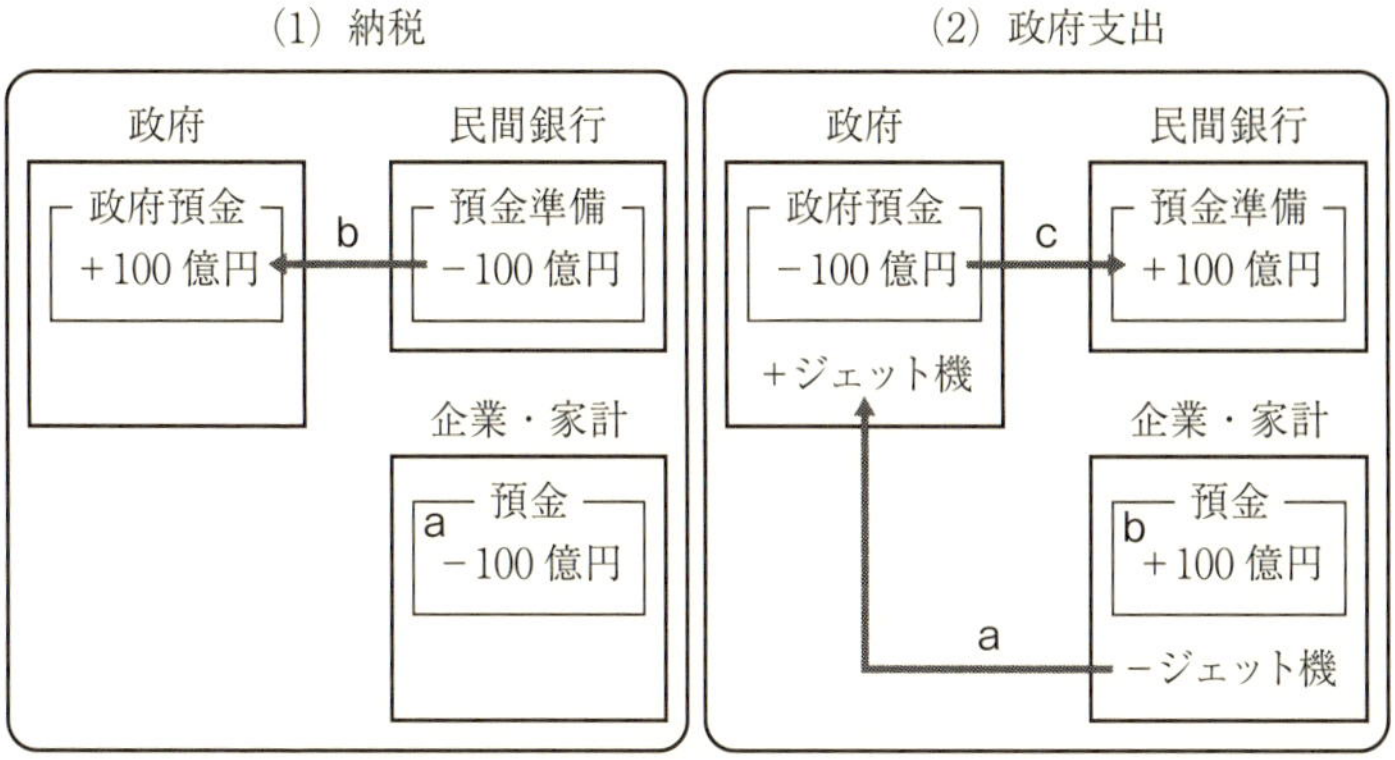

図2-13　納税と政府支出のプロセス

のようになります。まず納税すると、aのように家計の預金が一〇〇億円減ります。

それとともに、bのように一〇〇億円が民間銀行から政府へ振り替えられます。つまり、民間銀行の預金準備が一〇〇億円減って、政府預金が一〇〇億円増えるわけです。預金準備の増減と預金の増減が連動している点にご注意ください。それは、**図2−9**からも明確に見てとれます。

政府が一〇〇億円で企業からジェット機を購入する場合のプロセスは、**図2−13**の(2)のようになります。aのように、まず政府がジェット機を購入します。図には書いていませんが、その際政府は小切手を企業に渡します。企業がその小切手を民間銀行に持って行くと、bのように企業の預金残高が一〇〇億円増えます。

民間銀行がこの小切手を中央銀行に渡すと、cのように、一〇〇億円が政府から民間銀行に振り替えられます。つまり、政府預金が一〇〇億円減って、民間銀行の預金準備が一〇〇億円増えるわけです。

箇条書きにすると以下のようになります。

(1)納税

a家計の預金が一〇〇億円減る

b民間銀行の預金準備が一〇〇億円減って、政府預金が一〇〇億円増える

(2)政府支出

a政府は一〇〇億円のジェット機を企業から購入する

b企業の預金残高が一〇〇億円増える

c政府預金が一〇〇億円減って、民間銀行の預金準備が一〇〇億円増える

このプロセスを通じて、預金は(1)で一〇〇億円減って、(2)で一〇〇億円増えます。預金準備は(1)で一〇〇億円減って、(2)で一〇〇億円増えます。政府預金は(1)で一〇〇億円増えて、(2)で一〇〇億円減ります。

いずれもプラス・マイナス・ゼロで元の状態に戻ります。単に、政府がジェット機をただで手に入れたかのような結果に終わります。

なお、政府支出の際には、民間部門のお金である預金準備と預金がともに一〇〇億円増大しま

す。つまり、政府支出を行うと貨幣が増えることになります。

貨幣は債務証書

最後に貨幣とは何かという問題をもう少し深く追究して、本章を終わりましょう。冒頭で、貨幣はデータであり記録であると述べましたが、果たして何の記録なのでしょうか？

それは債務の記録ということになります。ＭＭＴでは、貨幣が「債務証書」であることを強調します。債務証書というのは借金の証拠となる書類ということです。ＭＭＴでは、債務証書を「ＩＯＵ」と呼ぶことが多いです。これは"I owe you"（私は君に借りがある）の略です。

ただし、ＭＭＴに拠るまでもなく、現在の貨幣は形式上すべて債務証書です。現金と預金準備は中央銀行の債務証書で、預金は民間銀行の債務証書です。

国債は、当たり前のことですが政府の債務証書です。経済学では、政府と中央銀行をまとめて「統合政府」と言います。ＭＭＴでは、統合政府を単に「政府」と言うこともありますが、ここでは主流派経済学の慣例どおり統合政府という言葉を使うことにしましょう。

貨幣が国債同様に統合政府の債務証書であるということは理解しにくいでしょうが、金本位制の時代を考えてみれば腑に落ちるかもしれません。この時代には、紙幣を日銀に持って行ったら金と換えてくれたのです。

一円札は一円分の金との引換券のようなものだったと言えます。逆に言うと、日銀は一円札の持ち主に対し一円分の金の支払い義務を負っていたというわけです。

現在の制度は金本位制ではなく管理通貨制度です。したがって、貨幣は形式上債務であるものの、統合政府が返さなければいけない借金であると見なされるべきではないと私は思っています。

そもそも、いったい何を返すというのでしょうか？　日銀に一万円札を持って行っても、金や銀に換えてくれるわけではありません。しかしながら、貨幣が統合政府の債務証書であるということにＭＭＴは独特の哲学的な含蓄を込めています。債務証書たる貨幣が租税を通じ統合政府に戻ってくることによって、統合政府の借金は解消されると考えられます。そして、それは負債からの解放を意味します。

レイ氏はこう言い表しています。

> 国王は、支払いにおいて割り符や硬貨を発行する。それが、国王を罪深い債務者の立場におく。
> 国王は、自らの債務証書を受け戻して、負債から解放される。[12]

国王を統合政府に置き換え、割り符や硬貨を預金準備や現金に置き換えれば、これは現代にも通じる話です。すなわち、貨幣を発行する統合政府は罪深い債務者であり、その罪は租税によってあがなわれるのです。

同時に、国民は租税義務を負っており、債務証書たる貨幣で税金を納めることによってこの義務から解かれます。「主権者は、割り符や硬貨を発行する前に、それらで支払える納税義務を課すことによって納税者に債務を負わせなければならない」[13]のですが、納税がこの債務から自由になることを意味します。ということは、租税は、統合政府と国民の双方に債務からの解放をもたらすことになります。

それぞれの償還は同時に双方の負債を消し去る。どちらも帳消しだ。ハレルヤ！[14]

借金を返済することを償還と言います。納税の日は、統合政府と国民の双方にとって償還の日であり、罪滅ぼしの日です。償還の日＝Redemption Dayは、「贖罪の日」という意味でもあるのです。[15]
余談ですが、我々国民が納税の義務という罪を背負わされた存在であるというＭＭＴの世界観に、違和感を覚える人は少なくないようです。

世界的には、ＭＭＴは左派の支持者のほうが多いのですが、日本の著名人の間では左派の支持者が少なく、右派のほうがやや多いかもしれないくらいです。日本の左派がＭＭＴを嫌う理由の一つとして、租税貨幣論に潜む国家の暴力性があるようです。

国家が強権的に国民に租税義務を課すことによってこそ貨幣が流通するという世界観に、暴力性を感じ取っているというわけです。たとえば、左翼を自任する経済学者で立命館大学教授の松尾匡氏は、

MMTは政府が出す通貨も債務と見なす。政府が公衆に対して持つ徴税債権を相殺・消滅させるものという意味で、政府の公衆に対する債務だと言うのである。この論理が成り立つには、国民は皆もともと納税債務を国家に負っているという前提がなければならない。これは私にはなかなか心情的に受け入れがたい前提である。[16]

と言っています。

私自身は、納税債務に違和感を覚えるような感受性をもち合わせていなかったのですが、これを国家論と貨幣論の重なり合うようなテーマとして興味深く思いました。

貨幣と国債は親類

前述したように、貨幣と国債はいずれも統合政府の債務証書です。これらが親類であることを理解するのは難しくないかもしれません。というのも、イタリアで、両者がいかに近いものであるのかを暗示するような出来事が起きたからです。

二〇一九年九月まで、イタリアの連立政権の第一党は「五つ星運動」で、連立相手は「同盟」という政党でした。二〇一九年五月にその「同盟」が、「ミニBOT」という国債（短期財務証券）を発行する計画を発表しています。これは無利子永久債、つまり利子が付かないし満期もない国債です。

満期がないというのは、国債を償還しなくてよい、つまり国債と引き換えに政府がお金を返さなくてよいということです。利子がもらえないし元本すら返してもらえないような国債を持っていて何の得があるのかと誰しも疑問を抱くでしょう。ミニBOTは代わりに、納税や決済（買い物）に使うことができます。

要するにこれは貨幣であり、実際にユーロとは別の「第二の通貨」などと言われています。ユーロ圏の国が貨幣を勝手に発行したら、ユーロの意味がなくなってしまうので、EUの本部からは「またイタリアか、いい加減にしろ！」などと怒られています。結局のところこの計画は実行には移されないようですが、イタリアらしくてやんちゃな、そして微笑ましいエピソードと言えるでしょう。

ユーロ圏の国々は、言わば自国の通貨発行権を放棄しており、私はそれがそもそもの間違いだと思っています。自国の貨幣量をコントロールできないからです。ところが、ユーロ圏からの脱却は実際問題困難なので、苦肉の策として案出されたのが、名目は国債でありながらも内実は貨幣である「ミニBOT」というわけです。

ここから分かることは、国債をちょっと変形するだけで貨幣になり得るということです。貨幣は「決済と納税が可能な無利子永久債」であり、国債は「決済と納税には使えない有利子貨幣」です。

それゆえに、国債が流通していること自体は、貨幣が流通しているのと同様に、インフレを引き起こさないかぎりなんら問題もないと言うこともできるでしょう。

あなたも貨幣を発行できる

債務証書が貨幣になり得るならば、債務証書を発行したもの勝ちではないかと思われるかもしれません。MMTに大きな影響を及ぼしたポスト・ケインジアンであるハイマン・ミンスキーは、「誰でも貨幣を発行できるが、問題は受け入れてくれるかどうかだ」と言いました。

私が友達に一〇万円貸して、友達が一〇万円の債務証書を発行し、私が受け取ったとします。この債務証書を使って私が買い物をすることができるかといったら、それは難しいでしょう。

なぜなら、家計は「負債ピラミッド」の最下層に位置しているからだと、MMTはその理由を説明します。**図2－14**のように、負債ピラミッドの最上位に、統合政府の債務証書が君臨しています。この債務証書は、すでに見たように租税によって価値が保証されています。

それとともに統合政府の債務証書によって、国家の貨幣単位が整備されます。日本ならば、円が貨幣単位であることが決定づけられるというわけです。

次の階層に位置する民間銀行もまた預金通貨という債務証書を発行します。銀行の債務証書は、より上位の債務証書である統合政府の債務証書に保証される形で流通が可能になります。

中央銀行制度が整備される前の時代では、イギリスやアメリカ、日本でも、各民間銀行がめいめい銀行券を発行し流通させていました。そういった状態を「フリーバンキング」と言います。いまで言うと、みずほ銀行が「みずほ紙幣」を、りそな銀行が「りそな紙幣」を発行するようなものです。

このようなフリーバンキングの時代には、負債ピラミッドが現在のようには成り立っていなかったと言えるでしょう。ところが、たとえばイギリスでは、一八四四年のピール条例により、イングランド銀行が中央銀行として紙幣の発行を独占することになり、フリーバンキング時代は終わりを迎えました。

いまではほとんどの主要国で、中央銀行のみが紙幣を発行できる「銀行券集中発行制度」が制度化されています。のみならず、中央銀行は民間銀行の銀行として機能しており、最後の貸し手として資金不足に陥った民間銀行にお金を貸すこともあります。

こうした制度の下では、中央銀行の債務証書の信頼に基づいて民間銀行の債務証書が信頼されるような、上下関係が成り立ちます。

下の階層の経済主体は上の階層の経済主体に対する信用を基に、レバレッジ（テコの作用）を効かせて債務を膨らますことができます。実際に、統合政府の債務証書である現金や預金準備よりも、民間銀行の債務証書である預金のほうが遥かに量が多くなっています。

ただし、負債ピラミッドは下に行けば行くほど信用力が落ちていきます。民間銀行の下の階層には、銀行以外の主体が位置して

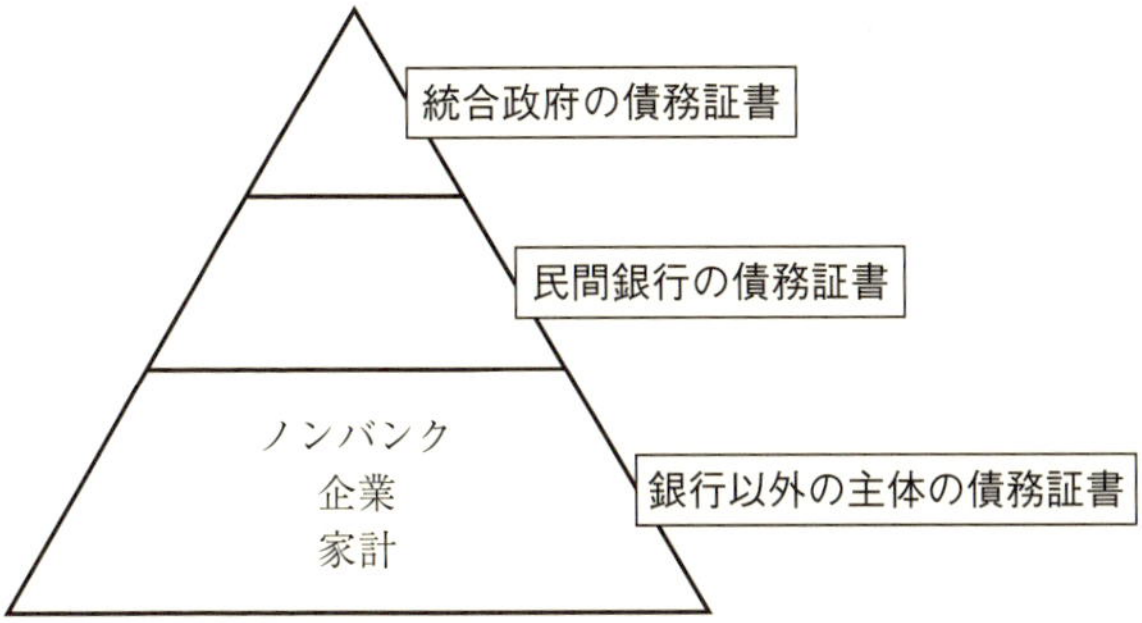

図2-14　負債ピラミッド

います。それは、ノンバンク（銀行以外の金融機関）や企業、家計などです。なので、ノンバンクや企業はともかくとして、最下層に位置する個人の債務証書が貨幣として広く流通するのは難しいと言えるでしょう。

第3章

政府の借金はなぜ問題にならないか？

財政支出の増大は危険⁉

ＭＭＴ派と主流派のあいだで激しい議論を巻き起こすであろう論点の一つは、「政府の財政的な予算制約はない」ということでした。主流派経済学者が、政府の借金を増やしつつ財政支出を増大させることの危険性を訴えるのは、およそ次の五つの疑問があるからだと考えられます。

(1)財政破綻するのでは？
(2)政府の借金額が民間金融資産という上限に達するのでは？
(3)インフレになるのでは？
(4)クラウディング・アウトが起きるのでは？
(5)赤字財政は持続不可能では？

このうち最初の二つについては、貨幣とは何かという問題に直接的に連なっているので前章でおよその答えは出ているでしょう。

最初の「財政破綻するのでは？」という疑問に対しては、このように答えられます。自国通貨をもつ国は、キーストロークによってお金を無から生み出して、利払いや借金の返済に充てることができるので、財政破綻することはありません。

次に、「政府の借金額が民間金融資産という上限に達するのでは？」という疑問に対しては、こう答えられるでしょう。民間銀行は政府の発行する国債を預金で購入しているわけではなく、預金準備によって購入していて、その預金準備は基本的には中央銀行が供給しています。したがって、民間銀行が政府に貸し出すお金が枯渇するなどということは起こり得ません。

補足　政府が借金して支出する際のプロセス

企業が民間銀行から借金をする場合と政府が民間銀行から借金をする場合では手続きが異なっているので、注意が必要です。

政府が一〇〇億円分の国債を発行してから、ジェット機を買う場合のプロセスを以下に示しながら説明しましょう（この補足は面倒であれば読み飛ばしてもかまいません）。

政府が、一〇〇億円分の国債を発行するプロセスは、**図3－1**の(1)のようになります。まず、aのように預金準備が一〇〇億円増えます。これは、近年では「買いオペレーション（買いオペ）」によってなされます。つまり、中央銀行が民間銀行の保有する国債を買い入れて、代わりに貨幣を供給します。次に、民間銀行が政府から国債を購入します。その際に、bのように一〇〇億円が民間銀行から政府へ振り替えられます。

政府が一〇〇億円で企業からジェット機を購入する場合のプロセスは、納税＋政府支出の場合とまったく同じです。**図3－1**の(2)のaのように、まず政府がジェット機を購入します。bのように企業の預金残高が一〇〇億円増えるとともに、cのように一〇〇億円が政府から民間銀行に

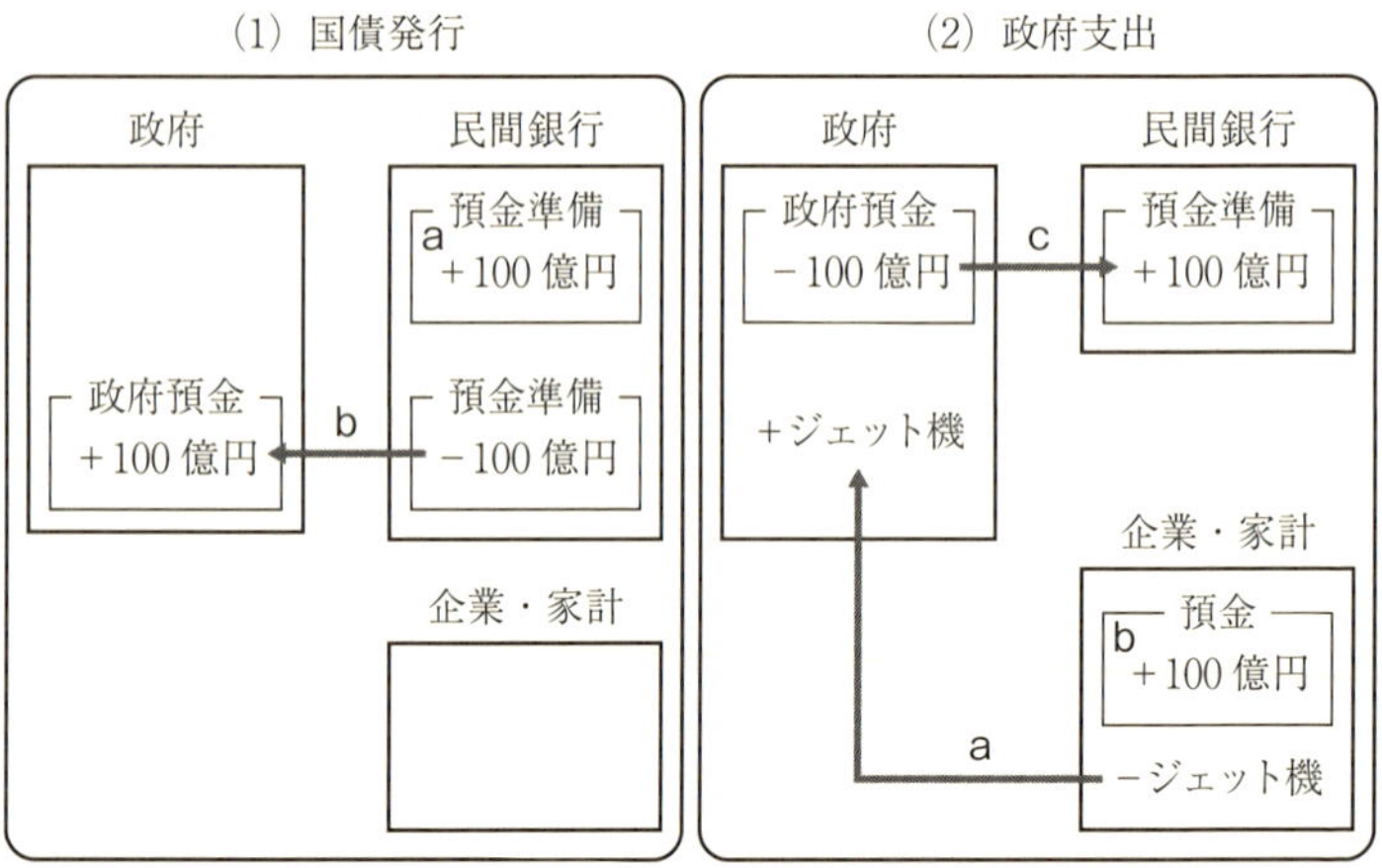

図3-1　国債と政府支出のプロセス

振り替えられます。

箇条書きにすると以下のようになります。

(1)国債発行

a買いオペによって民間銀行の保有する預金準備が一〇〇億円増える

b国債購入によって民間銀行の預金準備が一〇〇億円減って、政府預金が一〇〇億円増える

(2)政府支出

a政府は一〇〇億円のジェット機を企業から購入する

b企業の預金残高が一〇〇億円増える

c政府預金が一〇〇億円減って、民間銀行の預金準備が一〇〇億円増える

このプロセスを通じて、預金準備は(1)ではプラス・マイナスゼロで、(2)では一〇〇億円増えるの

で、トータルでは一〇〇億円増大します。

結局のところ、政府はジェット機を手に入れ、民間銀行は一〇〇億円分の預金準備を手に入れ、企業は一〇〇億円の預金を手に入れます。前章の図２－９（四八頁）を見ても分かるように、国債が新たに発行された分だけ、預金が増大していなければつじつまが合いません。

前章の納税＋政府支出のケースでは、預金は増大しませんでした。しかし、国債発行＋政府支出のこのケースでは、預金は増大し、したがってマネーストックが増大します。

繰り返しになりますが、預金準備と預金はともに一〇〇億円ずつ増大しています。したがって、預金準備は法定準備の額を超えて超過準備の状態になるでしょう（法定準備については前章五〇頁の説明を参照してください）。

そこで、金融調整（アコモデーション）が行われます。すなわち、中央銀行が国債を売却して貨幣を吸収するのです。そうすると、民間銀行の預金準備が減少します。こうした国債の売却のことを「売りオペレーション（売りオペ）」と言います。

中央銀行がこのような金融調整を頻繁に行っているということも、主流派が見過ごしＭＭＴ派が強調している点です。金融調整については次章で再び取り上げることにします。

以上のプロセスで、とくに注目してもらいたいのは、民間銀行が政府から国債を購入するためのお金を、あらかじめ中央銀行が供給しているということです。

民間銀行は通常、法定準備をギリギリ満たすだけの預金準備しか保有していないので、このような供給なしに国債を購入することはできません（現在の日本のように超過準備が常に存在している場合は事情が変わりますが）。

そうすると、政府の国債は結局のところ、中央銀行の発行したお金によって購入されているということになります。中央銀行が、政府の財政をファイナンスすることを「財政ファイナンス」と言います。

財政ファイナンスはしばしば禁じ手のように扱われています。ですが、隠密裏ではあるけれど、こうして常日頃から行われていることなのです。

そして、このことからも、政府が借金を返済できなくなるなどといった事態は起こり得ないと言えるでしょう。なにしろ、政府に貸すお金を提供しているのが、政府の一機関の中央銀行であるからです。

政府の借金は民間の資産

ここで重要なことは、国債発行による政府支出のプロセスを通じて起こった変化が、「国債の一〇〇億円増大」と「預金の一〇〇億円増大」だということです。国債は政府部門の負債で預金は民間部門の資産です。

「政府部門の赤字」は「民間部門の黒字」を意味するというのは当たり前の会計学的な事実です。正確には、海外部門を考慮しなければなりませんが、いまはこれを捨象して話を進めましょう。

こうした会計学的な事実は、イギリスのポスト・ケインズ派経済学者ウェイン・ゴドリーによって「ストック・フロー・一貫モデル（Stock-Flow Consistent Model、頭文字をとって「ＳＦＣモデル」）」として定式化されて、ＭＭＴに取り込まれました（余談ですが、ゴドリーは、オーケストラの指揮者を務めていた時期もある多才な経済学者です。一般にはあまり知られていませんが、ＭＭＴの普及とともにこれから有名になっていくかもしれません）。

「ＭＭＴはただの会計学的な事実なので否定しようがない」とか「経済学者よりも経理係や税理士のような実務家のほうがＭＭＴを理解しやすい」といったことが、しばしばＭＭＴの支持者によってつぶやかれて（文字どおりツイートされて）いますが、ゴドリーのＳＦＣモデルのことを指して言っているのでしょう。

借り手がいれば必ず貸し手がいるわけで、考えてみれば当然のことです。民間部門の中でも、誰かの「債務」は誰かの「債権」を意味しています。債務というのは金品を支払う義務ということで、債権というのは金品を要求する権利のことです。

私が友達にお金を貸せば、私は債権者で友達は債務者です。銀行が政府にお金を貸せば、銀行が債権をもち政府は債務を負います。そして、債権は、土地やお金などとともに資産に含まれます。

したがって、政府が借金をすればするほど、民間部門の金融資産が増大するのです。こうしたこともまた、当たり前の事実で重要であるにもかかわらず、主流派経済学者によって見過ごされがちでした。

ＳＦＣモデルは何を意味するか？

政府の借金が民間金融資産という天井に達するので、いずれファイナンスできなくなる、などといったことが、日本の政治家や経済学者によって幾度も警告されてきました。しかし、ＳＦＣモデルを踏まえれば、いかにそれがナンセンスな杞憂であるかが分かります。

というのも、政府が借金した分だけ民間金融資産が増えているからです。民間金融資産が政府への貸し出しに回されているという説明は、まったくもって順序が逆さまになっているわけです。

なお、政府の借金がゼロということは、民間金融純資産がゼロであることを意味します。果たしてそれは望ましいことなのでしょうか？

そして、政府部門の黒字は民間部門の赤字を意味します。アメリカのクリントン大統領の時代に政府黒字が達成され、多くの経済学者がそれを肯定的に見ている一方で、ゴドリーやランダル・レイ氏は警告を発しました。

これは、ＭＭＴ支持者の中ではよく知られた逸話です。民間部門の赤字の膨張は、企業や家計が過剰に借金してバブルが発生していることを意味します。バブルはやがて崩壊し金融危機をもたらすことになると予見したので、彼らは政府黒字の達成を否定的に見ていたのです。

しかし、その際にはＭＭＴは大して注目されることがなく、アメリカにせよ日本にせよ、政府部門の赤字が膨らんだいまになって、その正当化のためにＭＭＴが盛んに引っ張り出されるというのは、なんとも皮肉な話です（私もそうやって引っ張り出している輩の一人ですが）。

税金は何のためにあるのか？

政府はキーストロークによっていくらでもお金を生み出せるはずなのに、政府支出と帳尻を合わせるように、税金を徴収したり国債を発行したりします。「政府支出額＝租税額＋国債発行額」という等式を成り立たせようとするわけです。

そもそもいったい何のために税金を徴収したり、国債を発行したりしているのでしょうか？　租税については、すでに前章で貨幣を流通させるために必要だと述べています。ＭＭＴでは他に租税の役割として、

・インフレの抑制
・悪行税
・再分配

の三つが考えられています。

徴税というのは言わば、世の中に出回っているお金を引き上げることに他なりません。お金の量が減ればそれだけ需要も減って、インフレが抑えられます。

逆に言うと、デフレからの完全脱却が必要とされるこの国では、インフレを抑える目的での増税は

全く必要ないどころか害悪でしかありません。

「悪行税」というのは、喫煙や賭博、二酸化炭素の排出といった悪行（望ましくない振る舞い）を抑制するための租税です。もちろん、何をもって悪行とするのかはかなりの議論の余地がありますが、日本のたばこ税のようにこうした役割の税金が現に存在することは確かです。

「再分配」は、一般にはお金持ちから税金をとって貧しい人に給付するような政策です。これは不平等を減らすのに役立つので、ＭＭＴにおいても否定はされません。

ただしレイ氏は、「事後の分配」よりも「事前の分配」を重視しています。事後の分配というのは、人々が所得を得た後に政府による再分配によって平等化を図るということです。それに対して事前の分配というのは、そもそもの所得格差を縮めて平等化を図るということです。

後者は、政府が雇用を創出して低所得者の所得を増大させるとか、国債を廃止して富裕層の不労所得を減らすといった政策によって可能になります。国債廃止論については、この後で論じます。

国債は何のためにあるのか？

みなさんご存じのように、政府は借金する際に国債を発行します。しかし、国債とはそもそも何のために発行されるのでしょうか？

政府が、キーストロークによってお金を生み出すことができるならば、国債も租税同様に財源にはなり得ません。

国債には、租税とは異なった役割があります。それは金利の調整です。民間銀行は国債を政府から買い入れるわけですが、その国債を中央銀行は売ったり買ったりして（売りオペ／買いオペ）、金利を調整します。

ところが次章で述べるように、ＭＭＴでは金利政策は有効ではないと考えられており、金利を固定することが提案されています。そうであれば、もはや中央銀行は売りオペや買いオペを行って、金利を調整する必要がありません。

したがって、国債を廃止することも可能だとＭＭＴでは考えられています。一部のＭＭＴ派経済学者からは「明示的財政ファイナンス（Overt Monetary Financing ＯＭＦ）」という新たな制度が提案されています。

財政ファイナンスというのは、政府が貨幣発行を財源に支出を行うことです。これは実際に行われていることで、ＭＭＴの文脈では、中央銀行がキーストロークによって作り出したお金を、政府が支出に充てることを意味します。

ただし、実際には政府支出の財源が租税や国債であるかのように偽装されています。支出と同額の税金を徴収したり国債を発行したりすることによって、あたかも財政ファイナンスを行っていないかのような装飾が施されているというわけです。

ＯＭＦは、その装飾をはぎとって、あからさまに財政ファイナンスを実施しようということです。といっても、租税は固有の役割があるので廃止されることがなく、国債のみが廃止されます（国債を廃止しても、預金準備への付利を変化させることによって、金利を調整することはできます）。

たとえ金利を固定することが正しかったとしても、国債を廃止する必要はないのではないかと思う人もいるかもしれません。オーストラリアのＭＭＴ派経済学者でニューカッスル大学教授のビル・ミッチェル氏は、国債は富裕層への安定的な収入を国が保証するものであり、不公平を助長するという理由で、国債廃止を提言しています。[17]

私はミッチェル氏のこの主張に賛成で、お金持ちが楽して儲ける手助けをわざわざ国が行う必要はないと思っています。不労所得を得るのはかまわないのですが、資産運用におけるリスクは自分で負うべきだというわけです。

ただし、私はいまのところ、多少たりとも国債を残しておいたほうがよいと考えています。それは、中央銀行が国債を売り買いすることによって金利政策を行い、景気をコントロールすることが有効だと考えているからです。

インフレとクラウディング・アウト

話を元に戻しますが、財政支出が増大すると「インフレになるのでは？」という疑問に対しては、インフレにならない程度に増大させるべきだと答えることができます。

これは何もＭＭＴがどういう話ではなく、財政支出の増大によって総需要が増大し、潜在的生産量を超えればインフレになるというのは、一般的なマクロ経済学の教科書に書いてあることです。

潜在的生産量というのは、人々がみな働いている状態すなわち「完全雇用」のときの生産量です。日本なら日本で、みながフルに働いていたら、それ以上に生産量を増やすことは不可能です。潜在的生産量を超えるくらいに、政府や人々の買おうとする量（総需要）が多くなれば、GDPは増えずに物価だけがどんどん上昇していきます。

MMTはあくまでも貨幣理論なので、このあたりのメカニズムを定式化しているわけではありません。ただ、財政支出が増大するとインフレになるということはMMT派経済学者も認めています。財政支出をいくら増大させても、何の副作用もないと主張しているわけではありません。

なお、インフレになったら財政支出を引っ込めてデフレになったら財政支出を促進するといったせわしげなファインチューニングを、そんなに器用に行えるのかといった批判が、MMTに対して浴びせられることもあります。

しかしながら、MMTでは景気のコントロールは、人為的に支出を増減させる一般的な財政政策ではなく、JGP（雇用保障プログラム）に委ねられているので、こうした批判はそのままでは妥当しません。この点については、JGPを取り上げる第5章で詳細に論じます。

「クラウディング・アウト」は、日本語では「押し出す」という意味です。マクロ経済学の用語としては、政府支出が民間投資を押し出すことを表しています。政府支出の増大によって金利が上昇し、その分民間企業による投資が減少するというわけです。

主流派のマクロ経済学では、拡張的財政政策によるクラウディング・アウトの効果は、同時に金融緩和政策を実施することによって相殺されると考えられています。金融緩和政策によって金利の上昇を抑えることができるというわけです。

ところが、MMTによれば、政府支出そのものは貨幣量を増大させるので、金利を低下させる効果をもちます。

ステファニー・ケルトン氏は、「日本経済はMMTの正しさを世界に証明した」という意味のことを述べました。それは、日本では財政赤字が金利を上昇させなかったからです。

日銀が国債を大量に買い入れて（一時期は年間八〇兆円のペース）、金利をゼロ近傍に抑えているのだから、当たり前だと思う人もいるでしょう。

しかし、そうした事態は、主流派のマクロ経済学の教科書に載っている「貸付資金説」では説明できません。これは、利子率は、資金供給と資金需要を均衡させるように決定されるという説です。貸付資金説よりも、資金需要に応じて貨幣はいくらでも作り出されるというMMTの万年筆マネー論のほうが、日本経済の現状に照らしてみると説得的です。

MMTと均衡財政主義

政府の借金の膨張自体を危惧する必要はないということを最初に大々的に言い出したのは、二〇世紀に活躍したロシア生まれのポスト・ケインズ派経済学者アバ・ラーナーです。

ラーナーはロシアで一九〇三年に生まれて、イギリスのロンドン・スクール・オブ・エコノミクスで経済学の教育を受けます。その後、ケンブリッジ大学でケインズに出会って、ケインズ主義者となります。

ケインズは、その主著『雇用、利子および貨幣の一般理論』（一般理論）[18]で不況時に財政支出を行うことを提唱しましたが、その際に国債をどの程度まで発行してよいのかについて論じませんでした。

ラーナーは、政府は雇用や物価の安定のために支出すべきであって、財政が健全か否かといったことについては考慮する必要がないという「機能的財政論」を展開しました。機能的財政論を採用する財政政策のスタンスは「赤字フクロウ派」と言うこともできます。

ケルトン氏は、財政政策のスタンスを、(a)「赤字タカ派」(b)「赤字ハト派」(c)「赤字フクロウ派」の三つに分類しました。

(a)赤字タカ派は、いかなるときでも、政府は財政収支をゼロないし黒字にすべきだという考えをもっています。景気が良かろうが悪かろうが、政府の支出は収入である税収以下に抑えるべきだというわけです。

ある年に財政収支が赤字になった場合は、翌年には増税を行うか支出を抑制するかして、その赤字を埋め合わせるだけの黒字を作り出す必要があります。

(b)赤字ハト派は、景気が悪いときには、政府は借金をして支出を増大させて、景気を良くする必要があると考えます。景気が良いときには逆に、政府支出を減らすか増税することによって、やはり赤字分を埋め合わせなければなりません。

タカ派とハト派の違いが分かりにくいかもしれません。タカ派は景気循環を考慮せずに短期的にも均衡財政を維持すべきだという立場です。それに対し、ハト派は景気循環に合わせて拡張財政と緊縮財政を使い分けて、長期的に均衡財政が維持できればよいという立場です。
(c)赤字フクロウ派は、いろいろな意味合いをもっていますが、ここでは長期的にすら均衡財政を達成する必要がない立場であると定義しておきましょう。インフレが一定率に達するまでは、借金が増え続けてもかまわないというわけです。
それぞれを一言で言い換えると、

(a)赤字タカ派＝短期的均衡財政主義
(b)赤字ハト派＝長期的均衡財政主義
(c)赤字フクロウ派＝反均衡財政主義

となります。

主流派経済学者のほとんどは赤字タカ派か赤字ハト派ですが、ＭＭＴ派経済学者は基本的には赤字フクロウ派です。私は、この点についてはＭＭＴが正しいと思っており、赤字フクロウ派です。

これまでのところで、赤字フクロウ派の正しさは半ば示されたでしょう。ただ、長期的にも均衡財政を目指す必要がないということと、長期的にも不均衡財政が持続できるかどうかは別問題であるかもしれません。すなわち、「赤字財政は持続不可能では？」という最後の問いにはまだ答えられていないのです。

というのは、国債を発行するという、あの不必要であるかもしれない縛りをもうけるのであれば、不均衡財政の持続のためには民間経済主体が国債を購入し続けなければなりません。果たして、国債発行残高の無際限の増大は可能なのでしょうか？

あるいは、インフレにならない程度に、国債発行や貨幣発行を行うのであれば、それは結果として均衡財政を実現させるのではないかとも考えられます。

こうした問題については、私のほうでMMTから逸脱する説明を用意しているので、本章ではなく第6章で答えを模索していこうと思います。

第4章

中央銀行は景気をコントロールできるのか？

内生的貨幣供給理論と金融政策の無効性

前章で述べたように、MMT派は金融政策の有効性については否定的です。その土台になっているのが、ポスト・ケインズ派の「内生的貨幣供給理論」です。[19] これは、おおざっぱに言うと、中央銀行の金融政策によって貨幣量（お金の量）を決定することはできないという理論です。

それに対し主流派は、基本的には中央銀行の金融政策によって貨幣量を決定できるという「外生的貨幣供給理論」の立場に立っています。それがために、金融政策によってインフレ率や失業率も調整できると考える傾向にあります。

ただし、「内生」か「外生」かという論点は、ポスト・ケインズ派が提起したのであって、主流派はそれが重要な論点だとは見なしていません。

この後で見るように、ポスト・ケインズ派やMMT派が「内生」「外生」といった言葉によって、何を問題にしようとしているのかを整理していくと、結局は中央銀行による金融政策が有効か否かという問題にたどり着きます。

金融政策が無効だとするならば、日銀のような中央銀行が積極的になすべきことはほとんどなくなってしまうから、この問題はかなり重要です。MMT派は、中央銀行は無能だと明確に宣言しているわけではないけれど、金融政策による景気のコントロールはかなり難しいと考えています。

景気に応じて金利を上げ下げする「金利政策」は、もっともオーソドックスな金融政策です。MMT派は、そうした政策を実施してもあまり効果がないので、金利を固定すべきだと言っています。たとえば、ＭＭＴ派経済学者のビル・ミッチェル氏やウォーレン・モズラー氏などは金利をゼロパーセントに固定すべきだ（完全雇用を目指すならば自然と金利はゼロになるはずだ）と主張しています。[20] ＭＭＴ派は、マクロ経済政策の軸足を金融政策ではなく財政政策に置いています。その中核にあるのが、次章で論じるＪＧＰ（雇用保障プログラム）です。

対する主流派とりわけ「ニュー・ケインジアン」は、財政政策よりも金融政策を重視しています。それがために、ＭＭＴ派とは対立的な関係にあります。一体どちらが正しいのでしょうか？

まずは、内生的貨幣供給理論が何であるかを明らかにしたいのですが、一口に内生的貨幣供給理論と言っても「アコモデーショニズム」「ホリゾンタリズム」「ストラクチャリズム」など様々あって、議論の際に一体どの内生的貨幣供給理論を指しているのかが分からず、それが混乱のもとになっています。一つ一つ整理して論じていきましょう。[21]

金融調整――アコモデーショニズム

内生的貨幣供給理論を論じるにあたってまず、第2章で論じた「万年筆マネー論」を想い起こしてもらいましょう。そこでは、預金が貸し出されるという「又貸し説」は間違いであり、貨幣は無から作り出されるという「万年筆マネー論」が正しいという説明をしました。

そうだとすると、民間銀行が貸し出す際の制約は存在せず、企業などの資金需要があるかぎりいくらでも貸し出せるということになりかねません。そして、貸し出しによって預金が増大するので、資金需要が貨幣量すなわちマネーストックを決定づけるということになります。

ところが、ここで私が主張したいのは、万年筆マネー論から直接的に主流派に対抗し得るような内生的貨幣供給理論を導くことはできないということです。それを導くには、かなり長く複雑な議論を必要とします。

マネーストックは、預金と現金から成り立っていますが、現金のほうは比較的量が少ないので、ここではさしあたり無視して考えることにしましょう。

国債を発行して政府支出を行う場合、預金準備と預金がともに増大し超過準備が発生します。そこで、中央銀行は売りオペを行い、国債を売却して預金準備を減少させることによって、金利を一定に保ちます。これが前章の補足ですでに述べた金融調整（アコモデーション）であり、このような内生的貨幣供給理論を「アコモデーショニズム」と言います。

アコモデーショニズムによれば、マネーストックだけでなくマネタリーベースも結局は資金需要によって決定され、中央銀行は貨幣量を決定することができません。

したがって、アコモデーショニズムは、中央銀行はただ経済状況に順応しているだけであって、自ら経済状況をコントロールすることはできないという「中央銀行無能論」[22]に繋がっていきます。

このアコモデーショニズムはホリゾンタリズムとも言われており、一九七〇年代にポスト・ケインズ派経済学者のニコラス・カルドアやバジル・ムーアによって定式化されました。

ただし、中央銀行は経済状況に順応するしかない（すべきだ）という考え自体は、さしあたり一八四〇年代の「銀行学派」にまでさかのぼることができます[23]。

当時は、第2章で説明したフリーバンキングの時代であり、各銀行がめいめい銀行券、つまり紙幣を発行していました。

銀行学派は、紙幣の発行は資金需要に応じてなされるから、銀行の自由にゆだねるべきであり、インフレの問題も自然と解決されると主張しました。それに対して、「通貨学派」は、紙幣の発行は、預金準備に応じた量に制限されるべきであり、そうでなければインフレを抑制することができないと反論しました。

銀行学派は内生的貨幣供給理論に近い理論を、通貨学派は外生的貨幣供給理論に近い理論をそれぞれ展開していたのです。

似たような論争は、平成の日本にも起こっています。一九九〇年代前半に、当時上智大学教授であった岩田規久男氏が、マネタリーベース（預金準備＋現金）を増やせばマネーストック（預金＋現金）も増大するはずで、不況解消のための役割を果たしていないと日銀を批判しました。

対する日銀の翁《おきな》邦雄氏は、資金需要に応じてマネーストックが増大し、それに順応するように中央銀行はマネタリーベースを増大させているだけであって、マネーストックもマネタリーベースも内生的に決定されるといういわゆる「日銀理論」を展開しました。この理論はアコモデーショニズムとかなり似通っています。

果たして日銀理論は正しいのでしょうか？　中央銀行はアコモデーションだけがなし得る仕事では

なく、金利を変化させることもできます。また、マネタリーベースを能動的に増大させ得るということは、後の量的緩和政策（預金準備を増大させることを目標にした政策）で見てとることができます。そういう意味では、日銀理論は中央銀行の能動性を否定しすぎた理論と言えるでしょう。

ただし、金利政策が有効か否かは、後で見るように主流派とMMT派のあいだで見解が分かれています。また、少なくともゼロ金利下では、マネタリーベースの増大がマネーストックの増大にほとんど繋がらないということは、一九九九年以降の日本で確かめられています。

金利が決まれば貨幣量が決まる――ホリゾンタリズム

ホリゾンタリズム（水平主義）は、一般にアコモデーショニズムと同一視されています。しかし、説明の際の視点が違っており、このホリゾンタリズムを踏まえると、必ずしも中央銀行無能論には至らないのではないかと思えてきます。ホリゾンタリズムの説明のために、まずはかつての主流派経済学の貨幣理論について紹介しましょう。

主流派経済学では、**図4－1**のように横軸に貨幣量をとって縦軸に利子率をとったときに、貨幣供給曲線は垂直のグラフとして、貨幣需要曲線は右下がりのグラフとして描くことができるとしています。

貨幣供給というのは、中央銀行によって供給される貨幣の量を表しています。貨幣供給曲線を表す垂直のグラフは、中央銀行の意思次第で右に動かしたり左に動かしたりできます。つまり、貨幣供給

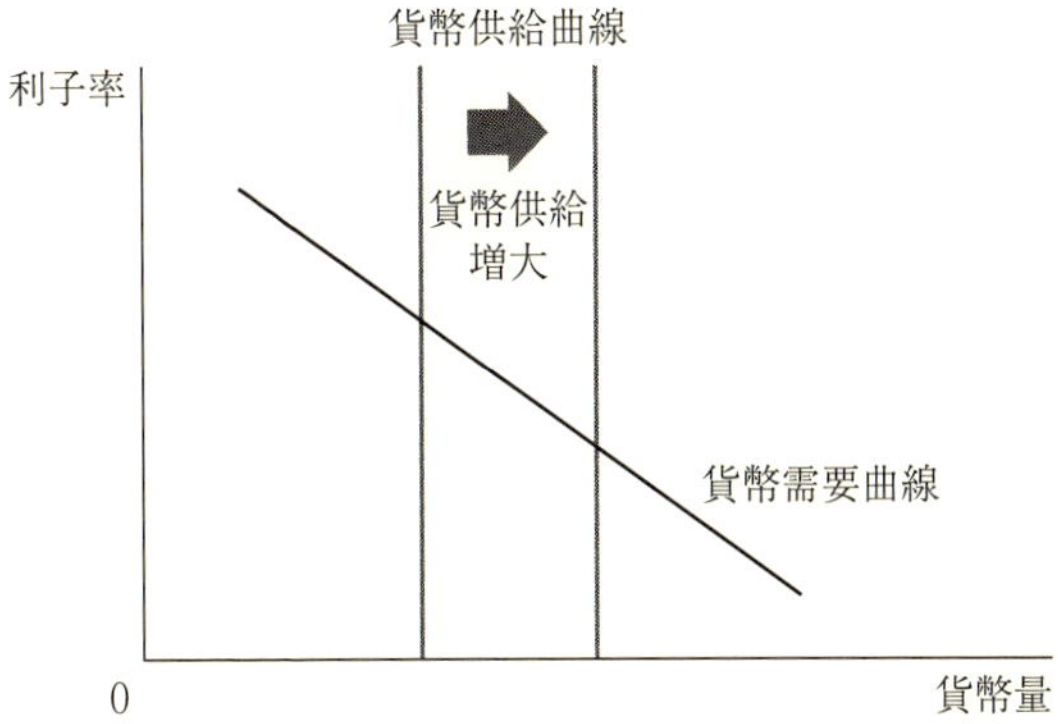

図4−1　ヴァーティカリズム（渡辺［1998］を基に作成）

は外生的に決定されるというわけです。

貨幣需要というのは、企業や家計がどれだけ貨幣を保有しようとしているかということです。さしあたり、資金需要と言い換えてもよいかと思います（本当は、資金需要と貨幣需要はかなり違っていて、その違いを区別しないことこそがマクロ経済学の致命的な欠陥だと私は思っているのですが、その話は本書ではおいておきましょう）。

利子率が低いほうが資金需要は大きくなります。というのも、お金を借りる側からすると、利子率が低ければ低いほど払わなければならない利子が減るので、より多くの資金を借りようとするからです。それゆえに、貨幣需要曲線は右下がりになっています。

貨幣供給曲線と貨幣需要曲線の交点で利子率が決定されます。なので、中央銀行が貨幣供給を増大させると垂直のグラフが右方へ動いて利子率が下落します。

こうしたメカニズムは、主流派のマクロ経済理論の基礎を成しており、貨幣供給曲線が垂直なので、「ヴァーティカリズム（垂直主義）」と言われています。

それに対し、ＭＭＴ派が依拠しているのは、図４－２によって表されるメカニズムです。貨幣需要曲線はさきほどと変わりありませんが、貨幣供給曲線が水平になっています。

これは、中央銀行が直接決定できるのは利子率であって、貨幣供給ではないということを表しています。貨幣供給は、貨幣需要曲線と貨幣供給曲線の交点によって決定されます。

利子率は外生的に決定されるのに対し、貨幣供給は内生的に決定されるというわけです。こうした内生的貨幣供給理論を「ホリゾンタリズム（水平主義）」と言います。貨幣供給曲線が水平だからです。

主流派が「貨幣供給が決定されたら利子率が決定される」という理論を提示したのに対し、ポスト・ケインズ派は、「利子率が決定されたら貨幣供給が決定される」という正反対の理論を提示して、主流派を批判したのでした。

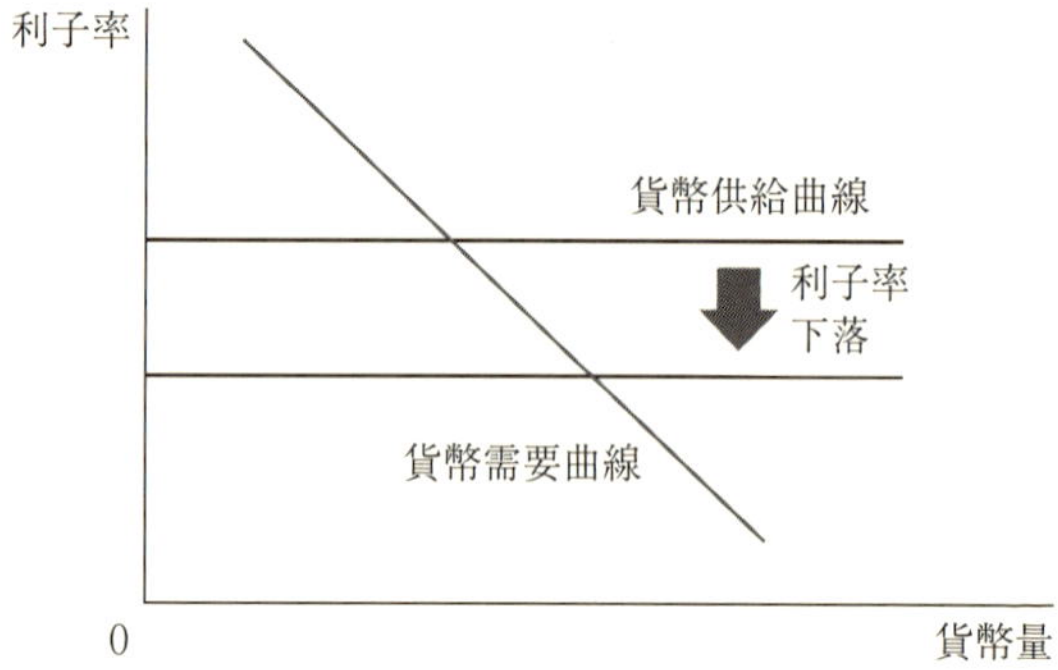

図4–2　ホリゾンタリズム（渡辺［1998］を基に作成）

ところが、この批判は、いまやあまり意味のないものになっています。どういうことか、その経緯を追って説明しましょう。

一九六〇年代には、ノーベル賞受賞経済学者ミルトン・フリードマンによって、貨幣供給量を重視する「マネタリズム（貨幣主義）」が提唱されました。

このマネタリズムに対抗する形で、ニコラス・カルドアやバジル・ムーアといったポスト・ケインズ派経済学者によって、一九七〇年代にホリゾンタリズム（アコモデーショニズム）が提示されたのです。

一九七〇年代、八〇年代には、欧米の中央銀行がマネーストック（世の中に出回るお金の量）の増大率を中間目標にするような政策「マネタリー・ターゲッティング」を採用していました。

ところが、最終的な政策目標である物価と、マネーストックとのあいだには安定的な関係がないことが明らかになり、一九八〇年代から九〇年代にかけて、マネタリー・ターゲッティングは放棄されました。

国民生活の良し悪しに直接かかわるのは物価（と失業率）です。マネーストックと物価とのあいだに安定的な関係がないのであれば、政策の中間目標としてふさわしくないということになります。

マネーストックの増大率に代わって中間目標に置かれるようになったのが利子率です。現在、主要国の中央銀行は軒並み、利子率を目標に置いた金融政策を採用しています。いまや多くの主流派経済学者が、利子率を目標においた金融政策を支持しており、それは「新しい貨幣的合意（New Monetary Consensus NMC）」と言われています。

NMCは、一九九〇年代にジョン・テイラー氏やデヴィッド・ローマー氏といったニュー・ケインジアンの経済学者によって定式化されました。ポスト・ケインジアンから言わせれば、彼らの内生的貨幣供給理論を密輸入して加工したのがＮＭＣです。

そういう意味では、ホリゾンタリストはヴァーティカリストに勝利し、（この件に関しては）非主流派のポスト・ケインジアンは、主流派のマネタリストに勝利したと言えるでしょう。

主流派の教科書では、相変わらずヴァーティカリズムのモデルによって財政・金融政策の説明がなされており、現実の金融政策との相違が見られます。ただ、そういった相違は大きな問題ではないと主流派は判断しており、私もそれにおよそ同意します。教科書の記述は変更が必要だが、利子率を外生とするか貨幣量を外生とするかは、理論的な議論をする際には結果にさしたる影響を与えないというわけです。

したがって、ヴァーティカリズムなのかホリゾンタリズムなのかということは、いまや対立軸を成していないと言えるでしょう。主流派経済学者は恐らく、アコモデーショニズムには反対するけれど、ホリゾンタリズムには反対しないと思われます。したがって、アコモデーショニズムとホリゾンタリズムを同一視することが混乱を招いていると私は思っています。

アコモデーショニズムには、金利を動かすというオペレーションが積極的に含意されていません。しかし、ホリゾンタリズムは、その名の由来となった水平のグラフを上下に動かすという発想を簡単に喚起させる理論なのです。

貨幣量がコントロール可能かどうかが争点

外生とか内生といった言葉がそもそも曖昧で、その曖昧さが問題をややこしくしています。利子率と貨幣量のどちらを内生にし、どちらを外生にするかという問題であれば、いまや主流派とMMT派の相違はないからです。

恐らく、主流派とMMT派を隔てているのは、さしあたり貨幣量が「コントローラブル」（操作可能）か否かでしょう。すなわち、主流派は「中央銀行にとって貨幣量はコントロール可能である」と考え、MMT派およびポスト・ケインズ派は「中央銀行にとって貨幣量はコントロール可能ではない」と考えているわけです。

たとえば、ポスト・ケインズ派経済学者のマルク・ラヴォア氏は、「中央銀行は、貨幣供給量もハイパワードマネーの供給量もコントロールできない」[24]と断言しています。「ハイパワードマネー」というのは、マネタリーベース（預金準備＋現金）のことです。

ただし、MMT派やポスト・ケインズ派であっても、中央銀行が利子率（政策金利）を変更できることは認めています。変更すべきかどうかというのは別の問題で、MMT派からは利子率を固定すべきといった主張がなされています。

主流派が言うように、利子率に応じて貨幣量が決定されるのであれば、貨幣量はコントローラブルということになります。

図4－2を見れば一目瞭然であるように、ホリゾンタリズムのこの図をそのまま信じれば、ある利子率に対し一意に貨幣量が決定されることになります。また、利子率を下落させれば、貨幣量は増大

します。したがって、素朴なホリゾンタリズムに基づいて、貨幣量がコントローラブルでないと主張することはできないのです。

かといってホリゾンタリズムに基づけば必ず、貨幣量がコントローラブルだという結論が導かれるというわけでもありません。

というのも、図4－2では便宜的に利子率と貨幣量の関係を単純な右下がりのグラフで表しているけれど、本当はその関係はもっと複雑であると主張することは可能だからです。ただし、それは素朴なホリゾンタリズムを超えたところにある議論です。

したがって、ランダル・レイ氏が、

MMTは「中央銀行はマネーサプライや準備預金を制御できない」という考え方を、「内生的貨幣」アプローチあるいは「ホリゾンタリスト」アプローチと共有している。[25]

と言っているのは少々奇妙に思われます。

貨幣量がコントローラブルでないと主張するには、素朴なホリゾンタリズムではなく、次に説明するストラクチャリズムか、あるいはその他の理論が必要となります。さらに奇妙なことに、レイ氏こそが、ホリゾンタリズムを批判する形でストラクチャリズムを提唱した当の人なのです。[26]

金融不安定性――ストラクチャリズム

「ストラクチャリズム（構造主義）」については、論者によってかなりの見解の相違があり、説明にかなりの紙幅を必要とするところですが、ここでは簡単に触れるにとどめておきます。

ロバート・ポーリン氏やレイ氏といったポスト・ケインジアンによって一九九〇年代に展開されたこの理論は、一つにはハイマン・ミンスキーの「金融不安定性論」に基づいています。

ミンスキーは、一九一九年にアメリカで生まれた経済学者です。金融市場の不安定性を理論化したので、リーマン・ショック以降ウォール街でも注目されるようになりました。

ミンスキーによれば、景気拡大期には、資金の貸し手も借り手も一種の「ユーフォリア（多幸症）」の症状にとり憑かれて強気になります。「成功は向こう見ずな感情を生み出す[27]」のです。

貸し手も借り手もリスク愛好的になっているので、投機的な投資が盛んになるわけです。さらに、株価や土地などの資産価格が上昇することで、ますます投機熱は高まるというスパイラル的なプロセスが発生します。

> 安定性は――景気拡大の安定性さえも――投資のより冒険的な融資が先駆者たちに利益をもたらし、他の者がそれに追随するという意味で不安定的である。かくして、景気拡大は加速的なテンポでブームへと変貌していく。[28]

株価や土地で儲けたという先駆者の話を聞けば、それを真似て投機に走る者が増殖して、ブームが過熱していくので、景気拡大期ですら金融は安定的とは言えないのです。そして、そうしたブームは、利上げやその他の政府による介入[29]といった何らかのきっかけで急激にしぼんでしまいます。

資産価格は下落し投機熱は冷め、景気拡大期とは逆のスパイラルによって経済は奈落の底へ転げ落ちていきます。後には、金融危機やデフレ不況がもたらされることになります。ミンスキーはその際に、「負債デフレ」[30]が起きることを強調しています。

デフレによって商品価格が下落すると、負債のある企業の負担は大きくなります。すなわち、おにぎりの価格が一〇〇円から五〇円に下落すれば、一億円の借金はおにぎり一〇〇万個分から二〇〇万個分となり、実質的に増大したその負担は企業に重くのしかかります。そうすると、企業は投資に対して抑制的になり、ますます不況は深刻化します。こうして起きる経済停滞が、負債デフレです。

以上のような金融不安定性は言うまでもなく、一九九〇年前後の日本のバブルとその崩壊、それから二〇〇〇年代のアメリカにおける住宅バブルとその後のリーマン・ショックとして現実に現れています。

リーマン・ショック時には、ミンスキーはウォール街でもっとも有名な経済学者とすらささやかれていました。バブルが崩壊し資産価格が下落し始める瞬間は、いまでは「ミンスキー・モーメント（ミンスキーの瞬間）」と言われています。

ミンスキーの金融不安定性論に基づいて考えるならば、貨幣需要量（資金の借り手の需要）と貨幣供給量（資金の貸し手の供給）はともに、バブル発生期には劇的な拡大を見せ、バブル崩壊期には劇的な縮小に陥ります。

貨幣量（マネーストック）は、経済状況に応じて勝手に拡大したり縮小したりするので中央銀行のコントロールから外れてしまうというわけです。これが数あるストラクチャリズムの学説の中でも、もっとも分かりやすいと思われるものです。

そうすると、貨幣量は利子率に応じて一意に決定されないことになります。とはいえ、貨幣量が変化するからこそ利子率を変化させる金利政策が必要だとも言えます。

問題は、貨幣量や景気の劇的な変化に対し、金利政策が素早く対応できないということです。それから、バブル発生期にはいくら利上げをしても投機の過熱を抑えられず、逆にバブル崩壊期には金利をゼロにしてもデフレ不況を解消できないということです。

ミンスキーの言う金融不安定性がはなはだしければ、金利政策によって貨幣量それから景気をコントロールするのは難しいということになるでしょう。

利子率と貨幣量の関係は複雑

ＭＭＴでは、利子率と貨幣量の関係をくるわせる要因は他にも挙げられています。

たとえば、金利が下がると普通は銀行の貸し出しが増大すると言われています。ところが、金利が下がり過ぎると銀行の収入が減り、銀行の自己資本が縮小するので、貸し出しがむしろ減少するという「リバーサル・レート」という現象が存在すると考えられています。[31]

これは、MMT派ではなく主流派のプリンストン大学教授のマーカス・ブルナーマイヤー氏が理論化したもので、過去に日銀総裁の黒田東彦氏が言及したことでも知られています。

この理論が本当だとすると、金利を下げると貨幣量が増えて景気が良くなり、金利を上げると貨幣量が減って景気が悪くなる、といった一般的な関係が成り立たなくなります。

ただし、リバーサル・レートという現象の存在について私は懐疑的です。コールレート（政策金利）を引き下げるという金融緩和政策は、銀行にとっては資金調達コストの引き下げとなるので、銀行業務をより安定的なものにするはずです。

もちろん、コールレートに連動して貸出金利も引き下がり、金利収入が減るということはあり得ます。ただ、コールレートや預金金利は銀行にとってのコストであり、重要なのはそれらのコストと貸出金利との間に生じる利ザヤです。貸出金利が高いか低いかということが、そのまま銀行の利益を決定づけるわけではありません。

恐らくですが、因果関係の読み違えによってリバーサル・レートのような現象があるかのように思いなされたのではないかと、私は考えています。

すなわち、金利をかなり低位に引き下げなければならないような景気低迷期にはすでに銀行の利益は悪化しているわけです。それを金利の引き下げによって悪化したと勘違いしたのではないかということです。

そんな私の疑念はさておき、ＭＭＴでは利子率と貨幣量の関係が、図４－２のような単純な右下がりのグラフで表されるとは考えないということです。

場合によっては右上がりなこともあり、そういう意味でも金利政策はあてにはならないとされています。利子率と貨幣量の関係が右上がりの場合も多々あるのならば、主流派の提唱するマクロ経済政策が瓦解してしまいます。

言い換えると、これは「貨幣需要の利子弾力性」（利子率の変化に対する貨幣需要の変化の割合）がどの程度安定的かという問題に帰着します。

私はいまのところ、図４－２ほど単純でないにせよ、右下がりのグラフがおよそ安定的に成り立つと考えています。ただ、ＭＭＴの主張を頭ごなしに否定しているわけではなく、実証分析の結果をよくよく精査して判断すべき問題だと思っています。

長期に安定的な利子率——自然利子率

実を言うと、金利と貨幣量の関係が不安定であっても、なお金利政策が有効である可能性が残されます。というのも、金融政策にとっての最終的な政策変数は物価（と失業率）だからです。なので、金利と物価の間に安定的な関係があれば、なお金利政策は有効ということになり得るわけです。

マネタリー・ターゲッティングが放棄されたことからも分かるように、そもそもマネーストックは不安定なマクロ経済指標なのです。

日本のバブル期には、貨幣量の増大率は一〇パーセントを超えるほどに上昇しましたが、インフレ率は三パーセントを超えることなく安定していました。

考えてみれば当たり前のことで、銀行の信用創造によって作られたお金は、消費に費やされるよりも何よりも土地や株に費やされたからです。

バブル期に起きたことは、テレビや自動車といった一般財の価格の劇的な上昇ではなく、土地や株といった資産価格の上昇です。したがって、貨幣量や資産価格のコントロールは難しくても、インフレ率については可能かもしれないのです。

「新しい貨幣的合意（New Monetary Consensus ＮＭＣ）」は、長期的にインフレもデフレももたらさないようなちょうどよい利子率があると想定しています。そのような利子率を「自然利子率」と言います。この概念を最初に提唱したのは、一九世紀末から二〇世紀初頭にかけて活躍したスウェーデンの経済学者クヌート・ヴィクセルです。それゆえ、ＮＭＣを支持するような経済学者は「ネオ・ヴィクセリアン」と呼ばれています。

ややこしいですが、ニュー・ケインジアンはおよそネオ・ヴィクセリアンであると言ってよいでしょう。いまでは、ネオ・ヴィクセリアンの考えが主流派マクロ経済学では支配的です。その考えというのは、自然利子率を想定し利子率を上げ下げすることによって景気をコントロールすべしというものです。

もし、目標とするインフレ率がゼロであれば、図4－3のような金利政策が考えられます。この図

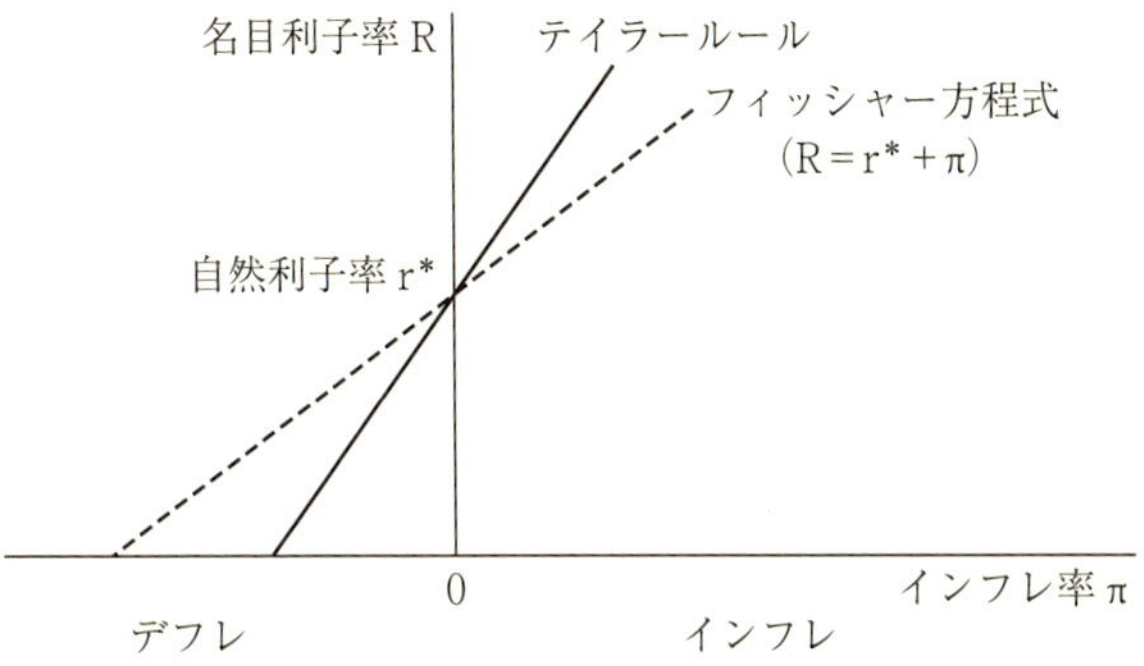

図4-3　テイラールール（目標インフレ率がゼロの場合）

の横軸はインフレ率を、縦軸は名目利子率をそれぞれ表しています。フィッシャー方程式は、アメリカの経済学者アーヴィン・フィッシャーによって提示されました。この式は、一般には「名目利子率=実質利子率+期待インフレ率」という式を指しますが、ここでは「名目利子率=自然利子率+インフレ率」を表しています。すなわち、これは自然利子率が成り立っているときの、名目利子率とインフレ率の関係を意味します。インフレ率がゼロ以下でデフレであれば、名目利子率を引き下げて景気を回復させます。その際、実質利子率が自然利子率より低くなるように、名目利子率を大幅に引き下げます。そうすると、インフレ率が上昇してきて、ゼロに戻ります。

逆にインフレ率がゼロ以上でインフレであれば、名目利子率を引き上げて景気を抑制します。そうすると、インフレ率が下落して、この場合もまたゼロに戻ります。

このような金利政策のルールを、アメリカの経済学者ジョン・テイラーにちなんで「テイラールール」と言います。テイラールールとフィッシャー方程式を表すグラフの交点は、定常状態（長期的に一定な状態）を表しています。外的なショック

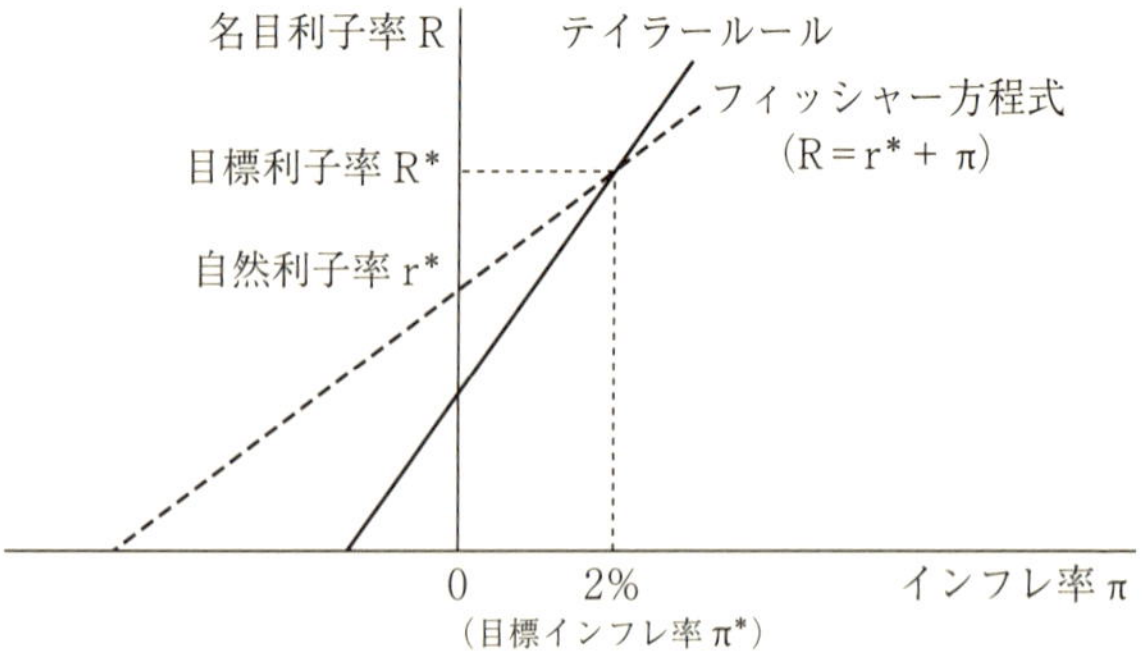

図4-4　テイラールール（目標インフレ率が２％の場合）

によってデフレになったりインフレになったりしても、テイラールールに沿った金利政策によって、この定常状態に戻ることができます。なおこの場合、定常状態ではインフレ率はゼロであり、それに対応する利子率が自然利子率ということになります。

　ただし、実際には目標インフレ率はゼロより多少高めに設定されることが多いです。たとえば、日銀は目標インフレ率を二パーセントと設定しています（二〇一九年一〇月現在）。これは、賃金は上げやすく下げにくいという「下方硬直性」があるなど、いくつかの理由に拠ります。

　目標インフレ率π^*が二パーセントの場合では、図4－4のようにインフレ率が二パーセントより高ければ利子率を上げて、低ければ利子率を下げるという政策が採用されます。この場合は、インフレ率二パーセントに対応する利子率が目標利子率R^*ということになります。

　なお、自然利子率は、目標インフレ率に対応した利子率なのですが、正確には名目ではなく実質利子率（名目利子率－インフレ率）です。なので、この場合$r^* = R^* - \pi^*$が自然利子率となります。

ネオ・ヴィクセリアンは、自然利子率が実現されている状態が、長期的な安定状態であり完全雇用に近いと想定しています。

自然利子率の不確かさ

「ポストケインズ派はこのような自然利子率の存在を強く否定する」[32]というラヴォア氏の言葉に表されているように、ポスト・ケインズ派やＭＭＴ派は自然利子率という概念そのものに否定的です。

前述した金融の不安定性やリバーサル・レートに関する議論からも分かるように、経済を長期的に安定させる利子率などというものはかなり不確かで、たとえ存在していたとしても、中央銀行がそれを探り当てるのは困難を極めると考えているのです。

主流派から言わせれば、逆に金利の固定こそが経済をむしろ不安定化させるので危険だということになるでしょう。主流派の考え方をまとめると以下のようになります。

・図４－４のR^*よりも低い利子率で固定されていればとめどなくインフレが進行し、高い利子率で固定されていればとめどなくデフレが進行する。たまたま、R^*の利子率で固定できたとしても、金利を上げ下げする「金利政策」を放棄すれば経済は不安定化する。

・実体経済におけるなんらかのショックにより、デフレが生じれば金利を下げて景気回復を図り、インフレが生じれば金利を上げて景気の過熱を抑える。そういうファインチューニングを放棄したら、その分景気回復は遅くなったり、景気が過熱したりするだろう。

主流派はこのように考えており、MMT派との議論は平行線をたどっています。この対立は、結局のところ、金融不安定性がどの程度のものであるかという問題に帰着するでしょう。

こう言ってしまっては、主流派からもMMT派からも怒られそうですが、両者の意見の相違は0か1かの二項対立ではなく、程度問題に過ぎないと私は見ています。結局のところ、たがいの存亡を賭けた論争にはなり得ないわけです。

なお、MMTでは、利子率が上昇すると金利収入が増大し、それによって投資や消費も拡大するという逆の効果についても論じられています。利子率の上昇によって景気が良くなりインフレ率が高まる可能性すらあるわけです。当然、主流派はそんなバカなことがあろうはずはないと反論するでしょう。ただ、この点についても実証分析の結果を見ながら議論を深めていくべきであって、理論的な議論だけで白黒がつくような根本的対立にはなり得ないと思われます。

主流派とMMT派の究極的な争点は何なのか？

本章ではまず、内生的貨幣供給理論と外生的貨幣供給理論という対立軸について整理しました。そこで明らかになったことは「内生」か「外生」かという曖昧な言葉を使って議論するよりも、貨幣量がコントローラブルか否かを争点にしたほうがよいということです。

ただし、コントローラビリティ（操作可能性）というのは程度問題であって、その程度は甚だしく小さい可能性が高い。そこは主流派も恐らく認めざるを得ないでしょう。それでも、金利操作によって貨幣量が制御できなくても、インフレ率は制御できる可能性はあると主流派は反論するはずです。そうすると、結局のところ金利政策によってインフレ率が制御できるのかどうかという問題に帰着することになります。貨幣供給が「内生」か「外生」かではなく、この問題こそが主流派とＭＭＴ派の真の争点であると考えられるのです。そしてこれもまた、程度問題に過ぎず実証結果に委ねられるべきではないかというわけです。

とはいえ、日本では一九九九年以降、金利はおよそゼロ近傍にあるので、この状況下での金利政策の無効性は主流派も認めざるを得ません。ゼロ金利が解除されたときに、この争点は大きな議論を巻き起こしてくるでしょう。そんなときが再びやってくるのかどうか私には知るすべはなく、「永遠のゼロ」となるかもしれません。

さらに付け加えて言うと、金融政策の最終的な政策目標には、インフレ率とともに失業率がありま す。ここでは話を単純にするためにインフレ率のみについて論じましたが、ＭＭＴ派は雇用こそがより重要な政策目標だと言うはずです。

彼らは、景気を安定化させるためには、金融政策による人為的なファインチューニングではなくＪＧＰ（雇用保障プログラム）による自動調整作用に委ねるべきだと主張しています。そのＪＧＰについては、次章で詳しく論じましょう。

第5章

政府は雇用を保障すべきか?

雇用保障プログラム

雇用保障プログラムとは何か？

前章で論じたように、金融政策はあてにできないとMMT派は主張します。それでは、どうやって景気をコントロールするのでしょうか？

政府支出を増やしたり減らしたりすることでコントロールするのか？　MMTが主張するのはある意味ではそういうことです。しかし、政府が景気に応じて、人為的に判断して政府支出額を決めるわけではありません。

MMTは、マクロ経済政策の中軸に「雇用保障プログラム（JGP）」を据えています。これは、すべての希望する失業者に仕事を与える政策です。その賃金は、一日八時間くらい働いたら最低限の生活を送れるような額に設定する必要があります。

明確に導入した国はまだありませんが、たとえばアメリカでは、二〇二〇年大統領選に出馬すると見られている民主党のコリー・ブッカー上院議員が、雇用保障を政策として提案しています。

過去にはJGPに近いものとして、ニューディール政策の一環である雇用促進局（Works Progress Administration［Work Projects Administration］WPA）の雇用プログラムがありました。一九三〇年代の大恐慌期にアメリカで実施されたこのプログラムによって、ダムの建設から壁画の制作、音楽演奏に至るまで様々な仕事が創出され、八五〇万人もの人々が雇用されています。[33]

第1章ですでに見たように、失業は自死すら招きかねない大きな災厄なので、完全雇用の実現は、マクロ経済政策のもっとも重要な目的だと言えるでしょう。

完全雇用は、働きたい人がすべて働けているような状態です。言い換えると、雇用がなくて失業を余儀なくされている「非自発的失業」がゼロであるような状態です。

ケインズの分類では、失業には他に「摩擦的失業」と「自発的失業」があります。摩擦的失業は、転職にともなう失業で、自発的失業は雇用の口があるにもかかわらず、賃金が低いといった理由で選り好みしているがために生じる失業です。

そのような失業もあり得るので、完全雇用は失業率ゼロを意味するわけではありません。たとえば、失業率二パーセントでも完全雇用であるかもしれません。

ただし、いかなる失業率のときに完全雇用であるかを明確に言い当てるのは困難です。二〇一九年四月現在、日本の失業率は二・四パーセントほどですが、これが完全雇用を示しているのかどうかは大いに議論の余地があります。

これまでのマクロ経済政策では、財政支出の増大や貨幣量の増大による財政赤字やインフレを警戒して、完全雇用が実現する手前で緊縮的政策に転じてしまうということがたびたびありました。

いまの日本は、まさにそういう状況にあって、完全雇用が目前にありながらもそれから遠ざかろうとしているのではないかと思われます。

ＭＭＴが言うには、金融政策だけではなく、一般的な財政政策もそれが人為的なコントロールによってなされているかぎりあてにはならず、完全雇用を保証するものではありません。

金融政策であれ財政政策であれ、これまでのマクロ経済政策が、景気を刺激をすることを通じて完全雇用を間接的に目指すのに対し、ＪＧＰは完全雇用を直接的に目指します。それゆえに、景気にかかわらず完全雇用が常に保たれた状態になります。

ＪＧＰにおいて、政府は「最後の雇用者[34]（Employer of Last Resort）」としての役割を果たします。どの民間企業にも雇われなかった労働者を政府が責任をもって雇い入れるというわけです。

これは、資金不足に陥った銀行が他の銀行からお金を借りることができなかったときに、日銀のような中央銀行が「最後の貸し手（Lender of Last Resort ＬＬＲ）」の役割を果たすのになぞらえています。

中央銀行が最後の貸し手になることによって、銀行の資金不足による倒産をなくすことができるのと同様に、政府が最後の雇用者となることによって、非自発的失業をなくすことができます。ただし、ＪＧＰはただの失業対策ではなく、景気を安定化させ物価を調整する機能ももっています（第1章、二六－二七頁の説明を参照してください）。

ＪＧＰは社会主義か新自由主義か？

このような裁量的なコントロールに拠らない景気の自動安定装置を経済学では「ビルトイン・スタビライザー」と言います。

たとえば、景気が良いときには自然と税収が増えるので、世の中に出回っているお金が減少して、総需要が減少するとともにインフレが抑制されます。

逆に、景気が悪いときには自然と税収が減るので、世の中に出回っているお金が増大して、総需要が増大するとともにデフレに陥るのを防ぐ作用があります。

政治家や官僚の決定によって行われる裁量的な財政・金融政策よりも、こうしたビルトイン・スタビライザーのほうが頼りになるとＭＭＴでは考えられています。

そして、租税よりももっと強力なビルトイン・スタビライザーを用意すれば、より景気は安定化するのではないかという筋道で発案されたのが、ＪＧＰなのです。

ステファニー・ケルトン氏は、「ＪＧＰはビルトイン・スタビライザーとしてパワフルに働く、議員が動かなくてもうまく働く」[35]と表現していました。

ＪＧＰは、政治家や官僚の裁量にゆだねずに、自動的に景気の波を抑制できるという点において、伝統的なケインズ政策（マクロ経済政策）とは異なっています。

伝統的なケインズ政策では、景気が悪いときに政府が橋や道路を建設するなどの公共事業などにお金を費やし、雇用を確保するとともに景気を刺激します。景気が良いときには景気が過熱してインフレが進み過ぎないように、こうした政府支出を抑えます。

「ハーヴェイ・ロードの前提」というケインズ政策の思想的背景を表す言葉があって、政府が民間経済主体よりも優れた政策判断を下し得ることを意味します。ケインズがケンブリッジのハーヴェイ・ロード六番地で生まれたので、この言葉はそうしたエリート主義的な意味で使われるようになりました。ハーヴェイ・ロードの前提は、プラトンの言う「哲人政治」のようなものと言えるでしょう。

民主的に選ばれたリーダーは大衆受けを狙った愚かな選択をしてしまう可能性があります。そうした衆愚政治に陥らないようにするには、学問を修めた賢いエリートが国を治めなければなりません。これが哲人政治の考えです。

当初、ハーヴェイ・ロードの前提は肯定的な意味合いをもっていましたが、リバタリアニズム（自由至上主義）やネオリベラリズム（新自由主義）の考えが広がるにつれて、やり玉に挙げられるようになりました。

というのも、エリートは大衆に比べてそんなに賢いのか？　賢くても状況に流されたり自らの利益を図ったりするのではないか？　との疑問が抱かれるようになったからです。

一九七〇年代に、アメリカの経済学者であるジェームズ・ブキャナンは、『赤字の民主主義——ケインズが遺したもの』で、ケインズ主義を徹底的に批判しています。

ケインズは少人数の知識エリートによる政策運営を理想としていただけでなく、現実の政府も基本的にはそのように動いていると想定していたのである。[36]

しかし、現実にはケインズの想定どおりにはいかなかったとブキャナンは言っています。大衆は減税と福祉の充実を望み、増税と福祉の削減を嫌うから、選挙で選ばれた政治家の下でケインズ政策が行われているかぎり、財政赤字が巨額化するのは当然だというのです。つまり、哲人政治のごとく考えられたケインズ主義的財政政策が、むしろ衆愚政治の典型のように見なされるようになったのです。

あるいはまた、金融政策のほうが、選挙で選ばれたわけではない中央銀行のエリート官僚によって行われるので、ハーヴェイ・ロードの前提が満たされていると考えられます。一見すると、ＭＭＴはそうした金融政策を否定し、伝統的なケインズ主義に立ち戻るかのように思えます。

ところが、ＭＭＴはブキャナンばりにハーヴェイ・ロードの前提を切って捨てているのです。それゆえに、ＭＭＴはネオリベ（新自由主義）的であると批判されることがあるくらいです。

しかしながら、ＭＭＴは社会主義であるという批判のほうが多いのが実態です。たしかに、政府によって雇用される人が多くなり、「大きな政府」になるという点に注目すれば、社会主義的であると言えなくもないでしょう。

一般に、社会主義は新自由主義と真逆にある政治思想であると考えられています。いったいどちらのほうが正しいのでしょうか？

ソ連型社会主義は、主要な企業を国有化し、中央当局が一国の経済全体をコントロールする「計画経済」を採用します。こうした社会主義は、究極の哲人政治と言えるでしょう。選挙で選ばれたわけではなく「有能」とされた中央当局の官僚が、一国の経済全体をコントロールするからです。

しかし結局のところ、エリート官僚といえども一国の経済全体をコントロールするのは不可能でした。彼らは自分たちの利益を追求し「赤い貴族」として肥え太るばかりで、経済システムは破綻をきたし、ついにソビエト連邦は崩壊したわけです。ソ連型社会主義という哲人政治は失敗に終わりました。

ケルトン氏は、来日したときの講演会で「MMTは社会主義ですか?」という聴衆からの質問に対し、明確に「ノー」と答えています。その社会主義が「ソ連型社会主義」を意味するのであれば、たしかにノーという答えが正しいと思われます。

MMTは、市場経済の仕組みをごっそり残したまま、希望する失業者のみを政府が雇い入れるわけです。トヨタやソニーが国有化されるわけではありません。したがって、ソ連型社会主義とはかなり違うということになるでしょう。

しかも、景気のコントロールを官僚が行うのではなく、ビルトイン・スタビライザーにゆだねるという点をとれば、哲人政治の完全な否定であり、ソ連型社会主義とは正反対の新自由主義の考えにのっとっているとすら言えなくもありません。

「社会主義」とか「新自由主義」といった言葉は、レッテル貼り以上の意味をもたない使われ方が少なくないと、私は常々思っています。MMTに関しては、「新自由主義」のほうが、より玄人好みのレッテルだと言えるでしょう。それでも、レッテルには違いありません。

ケルトン氏は、政治信条がリベラルであろうが保守であろうが、MMTの考えを取り入れることは可能だと述べています。

アメリカ民主党のバーニー・サンダース上院議員は、二〇二〇年の大統領選に出馬を表明しており、ケルトン氏はその顧問を務めています。その一方で、アメリカで共和党が減税したときに、「共和党はMMTを実践しているんですよね？」と共和党員から言われもしたそうです。日本でもまた、右派にも左派にもMMTを支持する人がいます。

「社会主義」「新自由主義」「右派」「左派」といった既存の政治思想の区分にとらわれ過ぎると、MMTに限らず新しいアイディアや理論を理解する妨げになるかもしれません。ただし、ケルトン氏がSLC（社会主義リバタリアンコーカス）という団体から政治思想的な批判を受けて、来日に関し弁明を迫られたことは特筆すべきでしょう。

これはかなりセンシティブな問題なので、本書ではこれ以上触れませんが、興味をもった人は彼女が自身のブログで発表した「反省文」を読んでいただければと思います。

ＪＧＰと最低賃金

ＪＧＰはビルトイン・スタビライザーの機能をもっていると先に述べましたが、政府が決定しなければならないこともあります。それは、賃金の水準と仕事内容で、その点は裁量的ということになります。

政府がＪＧＰで雇用する労働者の賃金は、「基本的公共部門賃金（Basic Public Sector Wage　ＢＰＳＷ）」と言われています。ここでは、たんに「基本賃金」と呼ぶことにしましょう。

仮に、ＪＧＰの賃金つまり基本賃金を時給一五〇〇円と決定したとしましょう。そうすると、民間企業では一五〇〇円以上の時給に設定しないと労働者を雇用することができません。コンビニでのバイトの時給が一二〇〇円だったら、労働者はそのバイトを辞めてＪＧＰのほうに参加することでしょう。したがって、基本賃金は事実上最低賃金となるわけです。

現在の日本においても、最低賃金法によって、たとえば東京都では時給一〇一三円と決められています（二〇一九年一〇月現在）。ただ、最低賃金は実際に守られているとは限らず、サービス残業を強いられることによって、時給換算すれば最低賃金を割り込むといったことが横行しています。

ＪＧＰの導入によって、少なくとも理屈の上では、最低賃金以下で労働者を働かせる企業を根絶できます。のみならず、いわゆる「ブラック企業」をすべて根絶できます。

労働者を過酷な環境で働かせる企業があれば、労働者はその企業を退職してやはりＪＧＰに参加するでしょう。もちろん、経営者が労働者に対し一種の洗脳をほどこしていて、その企業の社員としてやっていく以外に道がないと思いこませることに成功している場合にはその限りではないですが。

ＪＧＰによる物価のコントロールは可能か？

さきほど述べたように、基本賃金は、経済全体の賃金のボトムを画する役割をもっています。そうであれば、基本賃金を上げ下げすることによって、物価全体の上げ下げもできると期待されます。

というのも、企業の生産活動にかかるもっとも大きなコストは賃金であり、賃金にいくらかを上乗せする形で、商品の価格を設定していることが多いからです（この上乗せ分をマークアップと言います)。賃金が高くなれば、当然商品の価格も高くなるわけです。そうであれば、基本賃金を抑え気味にすることによって、インフレを起こさずに完全雇用を実現することも可能となるかもしれません。

ただし、私はこの考えに少々懐疑的です。基本賃金の引き上げによって、民間企業の賃金をも引き上げることは可能でしょう。なにしろ、基本賃金は経済全体の賃金のボトムを画しているからです。ところが、基本賃金を引き下げたとしても、民間企業の賃金が引き下がるとはかぎりません。

民間企業の賃金が、「均衡賃金」(労働市場を均衡させるような賃金)より高ければ、かかる賃金の引き下げに成功するでしょう。それに対し、民間企業の賃金が「均衡賃金」以下であれば、賃金の引き下げは恐らく失敗に終わるでしょう。基本賃金はトップ(天井)を決めているわけではなく、あくまでもボトムを決めているに過ぎないからです。それゆえに、賃金を均衡賃金以下に押し下げる役割を担うことはできないと考えられるのです。ＭＭＴでも、ＪＧＰの基本賃金を変化させることで物価をコントロールしようと考えているわけではないようです。

基本賃金を変化させることで、デフレからの脱却は可能であるかもしれません。しかしながら、インフレの抑制には別の手立てが必要となるでしょう。

どのようにインフレに対処すべきか？

ＭＭＴではインフレの原因がかなり緻密に分析されており、近年の先進国におけるインフレの多くは、「デマンドプル・インフレ」ではなく、「コストプッシュ・インフレ」であると考えられています。

デマンドプル・インフレは、需要が伸びて供給を超過することによって起こるインフレです。物不足に陥れば、このデマンドプル・インフレが起きるでしょう。コストプッシュ・インフレは、生産コストの上昇によって起きるインフレです。原油価格の高騰で起きたオイルショックがその典型例となります。

過度なデマンドプル・インフレは、戦争や災害によって工場などの生産設備が破壊されでもしないかぎり、起き得ないと言えるでしょう。だとすれば、私たちは基本的にはコストプッシュ・インフレに対処すべきだということになります。

主流派の経済学では、インフレには財政支出の削減や金融引き締めによって対処すべきだと考えられています。しかし、ＭＭＴではコストプッシュ・インフレを退治するには別の手段をとるべきだと主張されています。それは、原因である生産コストの上昇そのものを解消するような政策です。

ケルトン氏は、たとえば薬価の値上がりが全体のインフレ率を引き上げるケースがあると指摘しています。その場合のインフレ対策は、ジェネリック医薬品を普及させることだと論じています。

オイルショック時のように、エネルギー価格の値上がりがインフレの原因であるときには、エネルギー価格を下げるような政策が必要になります。

一九七三年にアラブ石油輸出国機構（ＯＡＰＥＣ）が、石油輸出を禁止して以降、アメリカは高いインフレ率に悩まされていました。

一九七九年にアメリカ連邦準備制度理事会（Federal Reserve Board ＦＲＢ）の議長に就任したポール・ボルカー氏が金融引き締め政策を実施したために、インフレ率は劇的に低下したと一般には考えられています。たしかに、一九八〇年に一三・五パーセントだったインフレ率が、一九八三年には三・二パーセントにまで低下しています。

ところが、ＭＭＴ派経済学者のウォーレン・モズラー氏は、インフレ率低下の真因はカーター政権が一九七八年に天然ガスの規制緩和を行ったことにあると述べています[37]。この規制緩和によって、天然ガスの供給が増大し、電力会社のエネルギー源も石油から天然ガスに切り替わったというわけです。

実際のところ、金融引き締め政策と天然ガスの規制緩和のいずれがインフレ率低下の本当の原因となったのか、私にはいまのところ分かりません。しかし、通説とは異なり、天然ガスの規制緩和が原因である、という可能性についても、検討すべきであると思われます。

ＪＧＰの仕事内容

ＪＧＰの最大の問題点は、政府が雇用した労働者に何をさせるかということにあるでしょう。ケルトン氏は、介護や保育を例として挙げていました。

また、地方自治体が言わば「ジョブバンク」の役割を果たし、図書館の司書がいなかったら図書館の司書を募集し、本棚が壊れていたら本棚を直せる人を募集すると述べていました。

ところが、ＪＧＰの仕事は景気に応じて従事者が増えたり減ったりしてもかまわないものでなければなりません。介護や保育、司書は景気とは関係なく一定人数が確保されていなければいけない職業であると考えられます。

それにＪＧＰの仕事は、誰にでもできるものでなければならないでしょう。プラトンについて研究していた哲学者が大学教員をクビになったところで、その技能を活かせる仕事を地方自治体が提供できるとはあまり思えません。[38] その元大学教員には、残念ながら誰にでもできる仕事をしてもらうしかないでしょう。

介護や保育、司書はいずれも高度なプロフェッショナリティを必要とする仕事で、誰にでもできるわけではありません。それらの手伝いくらいはできるかもしれませんが、技能をもたない新人を何人も雇用したらむしろ足手まといになるかもしれません。

現在の日本では、介護や保育に携わる人員はとくに不足しています。それは端的に言って賃金が低いからです。十分な政府の扶助によって、こうした職種の人員は確保されなければなりません。

公務員や公的部門に関わる労働者が他の主要国に比べて圧倒的に少ないのが日本の現状です。それゆえ、たとえば児童相談所の職員が足りないので、児童虐待を防げないといった深刻な問題が発生しています。

しかしながら、公務員不足の問題とＪＧＰは切り離して考えるべきでしょう。児童相談所の職員には、児童福祉のプロフェッショナルが就任することが望ましいです（現状そうはなっていないわけですが）。ＪＧＰによって公務員不足が補えると考えるべきではないでしょう。

ＪＧＰの仕事としてふさわしいと思われるのは、道路や公園の掃除です。ゴミ拾いであれば、ほとんど誰もが携わることができるし、従事者が増えたり減ったりしてもさほど深刻な問題は生じない仕事と考えられます。

それでもいくつかの問題が残ります。その一つは、ＪＧＰで雇用されておきながら、掃除をサボっている人をどうするかという問題です。

会社員や公務員が携わっているどんな仕事でも、サボリの問題は発生します。ですが、そうした労働者については採用時の面談などで、真面目に働く人間かどうかを判断される機会が設けられています。また、あまりにもはなはだしくサボる場合には、減俸することもクビにすることもできます。

ところが、ＪＧＰでは希望する失業者を誰でも雇い入れるという触れ込みなので、不真面目な人が採用される可能性があります。サボっている労働者を解雇するということはＪＧＰでも考えられていますが、国民の暮らしを守るという意味では望ましくないでしょう。したがって、ＪＧＰを運営するならば、仕事をサボっても大目に見るというおおらかな方針を採るべきかもしれません。

もう一つの問題として、そもそもプロフェッショナリティを必要としない仕事が世の中にそんなにあるのかということが挙げられます。すべての求職者を吸収するほどの雇用を作り出せるのかということです。

現代においては、消費者はより高品質な商品やサービスを求めるようになっており、あらゆる職業でプロフェッショナリティが必要とされるようになりました。

たとえば、コンビニエンスストアの店員は、昔はレジを打てれば務められる職業だったのが、いまでは宅配便の手配や公共料金支払いの手続きにも応じられなければなりません。二、三日で先輩の手助けなしに一人ですべての業務をこなせるようになるかといえば、それはもはや難しいでしょう。

保育士や介護士は人の命に関わる仕事です。対応を間違って幼児や高齢者が亡くなったとしたら、誰にとっても不幸なことですし、スタッフが厳しく責任を問われ裁判で訴えられる可能性もあります。

その一方で、誰にでもできる仕事はＩＴやＡＩ、ロボット、その他の技術によって自動化される傾向にあります。スーパーのレジ打ちは比較的簡単に担えるようになる仕事ですが、セルフレジの導入によって人手が徐々に減らされています。道路の清掃にしても、巨大なルンバのようなロボット掃除機が人間の代わりに担えるようになるでしょう。

それでも、あえて機械を導入せずに、失業者に仕事をしてもらうことにも意味があるかもしれません。

失業者に対して失業保険のみがあてがわれている場合、失業中は労働しないことになります。そうすると、朝起きられなくなったり身体がなまったりして、社会復帰が難しくなるかもしれません。

長年、いわゆる「ニート」の状態となっているような人は、自分が社会に必要とされていないと思って自信を喪失し、就職面接を受けに行くことすら恐れる傾向にあります。そうした人も、面談なしに無条件に仕事をさせてもらえるＪＧＰのような場があれば、それが踏み台となって、一般企業にも勤められるようになるかもしれません。単純労働でも、体を動かしたり人と会話したりすることで、本格的な労働を行うための慣らし運転ができるわけです。

いまＪＧＰが導入されても、日本では多くの失業者はこのプログラムに申し込まないのではないかと思われます。というのも、大半の人々は自分のキャリア形成を考えて仕事を選んでいます。自分のスキルを活かせる仕事でなければ携わる価値はないと思っているでしょう。ＪＧＰに参加する時間があったら、転職活動に精を出したり、プログラミングや英会話を習ったりするかもしれません。

したがって、ＪＧＰは完全雇用の絶対的な保障というよりも、何らかの理由で就業ができなくなっているような人が社会復帰するための場としての役割を担うようになるのではないかと、私は考えています。

ただし、それはいまの日本にとって、という前提のもとでのことです。慢性的な高失業率に悩まされるギリシャやスペインのような国でＪＧＰが導入されれば、参加する労働者は多くなるだろうと予想されます（ただ、それらの国の失業問題を抜本的に解決する方法は、ユーロ圏から離脱することです。自国通貨をもたない国では、マクロ経済のコントロールは困難に陥ります）。

雇用保障か所得保障か？

次から次へと無駄な労働が作り出されるという事態は、私がこの世でもっとも理不尽に感じていることの一つです。

人類学者のデヴィッド・グレーバー氏は、二〇一八年に *Bullshit Jobs*（『クソのような仕事』[39]）という本を出版しています。その本によれば、自分の仕事が無意味だと思っている人はかなり多くて、イギリスのユーガブという調査会社の調査によれば、三七％の人々がそう思っているようです。グレーバー氏によれば、受付係やドアマン、ロビイスト、企業弁護士などがクソのような仕事ということになります。

私は、これらの仕事を必ずしも無意味であるとは思っていません。そうではなく、日本中の至るところで、日々無駄な会議が開かれ、無駄な書類が作られている現状を嘆かわしく思っています。私としては、そうした無為な営みに時間や労力を費やすよりも、本を読んだり、映画を見たり、経済学の研究を進めたり、居酒屋に行ったりしたいわけです。

ＪＧＰでは、求人に応じて労働者が雇われるのではなく、求職に応じて労働者が雇われます。労働の必要な分だけ労働者が雇われるのではなく、希望する労働者を雇い入れる分だけ労働が作り出されなければなりません。したがって、無駄な労働が作り出されることは避けられないと私は考えています。

たとえ、私自身がＪＧＰに参加して無駄な労働に従事するのでなかったとしても、この国で盛大に無駄な労働が作り出されているとしたら、それを望ましいことと考えることはできません。

政府が、労働者に穴を掘らせてその穴を土で埋めさせるという作業を延々と繰り返させていたら、多くの人々が違和感を覚えるでしょう。しかしながら、私たちが日々取り組んでいる無駄な会議や書類は、結局のところこうした穴掘り・穴埋めと変わりありません。

ＪＧＰであからさまに無意味なことは行われないだろうけれど、十分綺麗な道路すらもいつまでも掃除するというような作業が行われることは目に見えています。

私たちは、無駄な労働をするよりも、絵を描いたり、ギターを弾いたり、仲間とフットサルをしたり、カフェで友人と語らったり、家族で旅行したりすべきではないでしょうか？　無駄な労働をしなくてもお金をもらって生活できる社会にすべきではないでしょうか？　ベーシックインカム（ＢＩ、基本所得）という社会保障制度が、そのような社会を実現可能にします。

ＢＩは、生活に最低限必要な所得を国民全員に保障する制度です。たとえば、毎月七万円のお金が老若男女を問わず国民全員に給付されます。これを私は「子ども手当＋大人手当」つまり「みんな手当」と説明しています。

ＡＩ・ロボットが高度に発達したら多くの人々が労働する必要がなくなるので、ＢＩは必要不可欠になります。しかし私は、いまでも可能ならＢＩを導入すべきだと思っています。生活保護よりも優れた制度だからです。

生活保護は捕捉率（受給されるべき人のうち実際に受給されている人の割合）が二割ほどしかなく、残り八割ほどの人は、給付を受けられずに貧しい生活を強いられています。また、生活保護には、労働して収入を得ると受給額をかなり減らされるので労働のインセンティブをもちにくく、「貧困の罠」から脱却し難いという欠点があります。

生活保護の捕捉率を一〇〇パーセントにして、労働して稼いでも受給額があまり減らされないように改良し、労働のインセンティブをもたせると、ＢＩとほぼ同じ制度になります。[40] つまり、生活保護の問題点を解消するとＢＩになるというわけです。

ＡＩ・ロボットが高度に発達した未来においてＢＩが導入されれば、多くの人々が労働する必要がなくなる「脱労働社会」が実現するでしょう。それは完全に労働が消滅した社会ではないけれど、労働して生活費を稼ぐことが人生における選択肢の一つでしかないような社会です。この社会で多くの人々は、趣味や儲からない好きな仕事に没頭するようになるでしょう。

今後増えていくのは、ユーチューバーやティックトッカーのような自分を表現する仕事、つまりクリエイティブな仕事です。ところが、そうした仕事で食べていける人はほんの数パーセントに過ぎません。

「一億総アーティスト社会[41]」とか「クリエイティブ・エコノミー[42]」が到来すると言われていますが、それは収入の面からすれば地獄のような社会・経済なのです。

食えないクリエイターとなった多くの人々のために導入すべきなのは、雇用保障なのか所得保障なのか？　基本雇用なのか基本所得なのか？　ＪＧＰなのかＢＩなのか？　私は、ＪＧＰよりもＢＩのほうが望ましいと考えています。

人々は生活のために仕方なく行う賃金労働で一日を潰すのではなく、自らが欲する営みに大切な時間を使うべきだからです。

ただし、脱労働社会が根づくまでは、ＢＩに加えてＪＧＰ的なものを取り入れることが社会に望ましい作用を及ぼす可能性があります。

ＪＧＰに類するものということで私が夢想するのは、政府や自治体が毎日二時間ほど希望者を全員受け入れて、道路や公園の掃除をさせることです。何時間もだらだらと行う必要はありません。仮に時給一〇〇〇円として、朝一〇時から一二時まで二時間働くと二〇〇〇円になります。その後、弁当を配って公共施設などで歓談しながら食べるようなことにしてもよいかもしれません。さきほど述べたように、これはニートの社会復帰プログラムとして機能します。

日給二〇〇〇円では、賃金労働による最低限の生活を可能にしたＪＧＰのよさが損なわれていると批判する人もいるかもしれないけれど、そこはＢＩと併用すればよいでしょう。ＢＩで生活の安定を保ちつつ、清掃などによって体を動かしたり人とコミュニケーションを図ったりして、社会復帰のための地ならしをするというわけです。

第6章

MMTの余白に

永遠の借金は可能だろうか?

ポケモンカードは流通するか？

本章では、ＭＭＴに関することで私が抱いた疑念を議論の俎上に載せるとともに、政府が永遠に借金し続けることは可能だろうかという、もっとも論争的な問いに対する答えを、ある程度提示していきたいと思います。最後には、ＭＭＴから大きく逸脱して、むしろ主流派モデルに基づいて検討します。

まず、第2章で紹介した「モズラーの名刺」の逸話についてですが、私はこの話を知ったときに、少々くだらないことを考えました。それは、モズラー氏は最初から、名刺ではなく「ポケモンカード」を子供たちに渡せば良かったのではないかということです（その頃はまだなかったかもしれませんが）。

アメリカでもポケモンは大人気で、ポケモンカードも販売されています（英語のスラングでは「ポケットモンスター」は卑猥な意味があるので、「ポケモン」が正式名称です）。子供の趣味にもよりますが、ポケモンカードがもらえるということであれば、必死になって働く可能性があります。

子供たちにとってのポケモンカードは、市場経済にとっての金貨や銀貨のような素材価値のある貨幣に相当します。「モズラーの逸話」を少し改変すれば、租税以外にも貨幣を価値づける手段があるという帰結が導かれるかもしれないのです。

それが証拠に、租税貨幣論だけでは「渡来銭」についてうまく説明できません。宋朝中国で発行された銅銭である宋銭《そうせん》は、アジア全域で使われていました。

日本では、平清盛が大量に輸入して以来流通し、渡来銭と呼ばれていたのです。鎌倉時代には、宋銭では税を納められないどころか、幕府が宋銭停止令を出したのに、流通は止まらなかったのです。

こうした渡来銭が広まったのは、素材である銅自体に価値があるからで、納税の手段になり得るからではないでしょう。したがって、租税貨幣論は貨幣の価値を説明する唯一無二の説ではありません。とはいうものの、租税が貨幣を価値づける最も有力な手段であろうことは否定できないでしょう。

ババ抜き貨幣論

もう一つ「モズラーの名刺」の逸話に関して説明を加える必要があるのは、子供たちが名刺を使って他の兄弟からおもちゃを買ったりお菓子を買ったりできるということです。

現実の貨幣は、納税の手段であるだけでなく交換の媒介でもあります。つまり、お金を使って買い物ができるのです。

人々がより強く意識するのは、納税の手段としての貨幣ではなく、交換の媒介としての貨幣でしょう。誰しも、ほぼ毎日（納税日以外）、叙々苑で焼肉を食べたいとかすきやばし次郎で寿司が食べたいといった想いが湧き上がることで、お金の必要性を痛感するのではないでしょうか？

そうすると、MMTが捨て去った教科書的な貨幣論が再び頭をもたげてくるでしょう。人がお金を受け取るのは、買い物の際にお店がお金を受け取ってくれるからだ、というものです。

ランダル・レイ氏は、このような貨幣論を「ババ抜き貨幣論」と言って侮蔑しています。

少なくとも私自身は、貨幣を裏づける唯一のものが「間抜けをだまして渡せると思うから、私はドル紙幣を受け取っている」といった「間抜け比べ」もしくは「ババ抜き」貨幣理論であるなどとは、恥ずかしくて自分の教科書には書けないし、そんなもので疑り深い学生を説得することもはばかられる。[43]

トランプのババ抜きにおいて自分の持つババに価値があるのは、他の人がババを引き抜く可能性があるからです。それと同様に、自分の持つお金に価値があるのは、他の人がそのお金を受け取ってくれる可能性があるから、というのがババ抜き貨幣論です。

逆に言えば、人類最後の瞬間にお金を持っていても、それはムダ金でしかなくバカを見るのと同様に、ババ抜きの最後にババを持っていてもバカを見るだけです。ババ抜き貨幣論は、もっと行儀のよい言葉では、「貨幣の自己循環論法」と言われています。貨幣に価値があるのは、みなが貨幣に価値があると思うからだということです。日本では、経済学者である岩井克人氏が論じたことで有名な説です。

貨幣を人々が受け取ってくれることを、「一般受容性」と言います。日本円に一般受容性があるのは、一般受容性があるからです。おかしな議論にも思えますが、私たちが日々買い物をする際の実感に即しているのは、租税貨幣論ではなく貨幣の自己循環論法ではないでしょうか？

とはいえ、価値があると見なされているから価値があるということでは、たしかにレイ氏が言うように、説明は無限後退に陥ってしまっています。

ところが、この無限後退を断ち切るためにこそ、租税貨幣論が必要とされるのではないでしょうか？　要するに、私の提案は、租税貨幣論と貨幣の自己循環論法はうまく結合させられるのではないかということです。

A＼B	石を貨幣と見なす	石を貨幣と見なさない
石を貨幣と見なす	＋　＋	－　＋
石を貨幣と見なさない	＋　－	0　0

図6−1　石貨の利得表

貨幣が価値づけの自己循環に入るには、最初の「神の一撃」が必要です。紙切れである紙幣に価値があるとみなが思う瞬間がないと何も始まりません。

ここで世の中に人が二人しかいないものとし、石を貨幣として流通させられるかどうかという問題を考えてみましょう。実際、西太平洋のヤップ島では、石が「石貨」（石の貨幣）として流通しています。

石貨を流通させる際の最初の一撃の必要性を図6－1のように表すことができます。縦に「石を貨幣と見なす」「石を貨幣と見なさない」と並んでいるのは、Aさんの選択を表しています。横に「石を貨幣と見なす」「石を貨幣と見なさない」と並んでいるのは、Bさんの選択を表しています。表の中で、たとえば「－　＋」と並んでいるのは、Aさんにとって－（マイナス）つまり損であり、Bさんにとって＋（プラス）つまり得であることを表しています。二人ともが石を貨幣と見なすことができたら、二人の間で石を介したモノの交換ができるので、二人の利得は＋（プラス）であると考えられます。

石をAさんは貨幣と見なし、Bさんは見なさない場合、BさんはAさんから米や魚を買うにあたって、石で支払うことができます。しかし、Aさんは受け取った石をBさんへの支払いには使えません。Aさんはまさにババをつかまされたわけです。

この場合、Bさんはただの石で米や魚を買えて得をするので利得を＋（プラス）として、Aさんは損をするので利得を－（マイナス）としておきましょう。

石をBさんは貨幣と見なし、Aさんは見なさない場合、逆のことが起きます。Aさんは得をするので利得は＋（プラス）、Bさんは損をするので利得は－（マイナス）です。

二人ともが、石に価値があると見なさない場合、二人とも特に損もしないですが石を貨幣として流通させる利便性を享受できないので、利得はゼロとなります。[44]

図6－1を見ると、二人とも石を貨幣と見なさない「0　0」の状態から脱却するのがいかに困難であるかが分かります。というのも、この状態から一方が「石を貨幣と見なす」決定をした場合にはその人の利得はマイナスになって損をするだけだからです。

したがって、一方の人の判断の変更だけでは「0　0」の状態からは動かないことになります。このような状態をゲームの理論では「ナッシュ均衡」と言います。

二人だけであれば、話し合って「石を貨幣と見なそう」と決定すればこのナッシュ均衡から脱出できるわけですが、社会に大勢の人々がいる場合、なんらかのきっかけがないとすべての人々が本質的な価値のないものを貨幣と見なす判断には至らないでしょう。

金や銀を含むことや、税金を納められること、国家が強制通用力をもたせること、たんに希少価値があることなど、なんでもよいのです。なんらかの神の一撃があれば、後は貨幣が勝手に自己循環的に価値を維持するようになると考えられます。

何かいちど貨幣を価値づけしたら、後はそういった価値づけなしでも流通し続ける可能性があるということです。そして租税は、貨幣が価値づけの自己循環に入るためのもっとも強力な手段と考えられるでしょう。それが証拠に法定通貨以外の貨幣が、一国で支配的な地位を占めることはめったにありません。

ただし、租税というテコ入れは最初の一撃だけでよいのかどうかは分かりません。それは無税国家が可能なのかという問題に連なってきます。円の価値が揺らぎようもなさそうなこの国で、一〇年くらい無税にしても、恐らく円は貨幣として流通し続けるでしょう。

しかし、五〇年や一〇〇年ではどうでしょうか？　永遠に無税にし続けても円の価値が維持されるのかと問われると、どうにも心許ないです。無税を続ければ、いつか円はドルや元にとって代わられるかもしれません[45]。日本のような貨幣経済の根づいた先進国において長きにわたって無税が続いたことはなく、この問題は実証のしようもないので、このあたりでやめておきましょう。

ただ、一見どうでもよいような、こうした貨幣の価値づけの問題は、政府の借金の問題と繋がっています。というのは、貨幣は政府の債務証書だからです。

租税のみが貨幣を価値づけているならば、すべての貨幣が租税によって回収されなければならないという帰結に至りかねません。そうでなければ、統合政府も国民も罪をあがなうことができないと言うこともできます。

MMT派経済学者がこのように主張しているわけではありませんが、すべての貨幣が回収されるということは、政府が支出した分は租税によって必ず回収されることを意味しています。

つまり長期的には、政府支出と租税の帳尻が合わないといけない。だとすれば、これは赤字ハト派となんら変わらないスタンスということになりかねないのです。租税貨幣論だけでは、赤字フクロウ派のスタンスを正当化するのは難しく、だからこそ貨幣の自己循環論法とのドッキングが目指されるべきではないかというわけです。

租税は貨幣が価値づけの自己循環に入るためのきっかけに過ぎず、いったん流通した貨幣はおのずと価値を維持し続けるということであれば、すべての貨幣を回収する必要はなくなるのです。

貨幣はいちど自己循環に入ってしまえば、「流動性選好」の対象となります。流動性というのは交換のしやすさということです。流動性選好というのはケインズ経済学の言葉で、買い物に使えるから人々が貨幣を欲することを意味します。貨幣を論じるにあたって、流動性選好に関する議論を切り捨ててよいとは私には思えません。

貨幣が流通する中で、おのずと流動性という価値を帯びてくるとするならば、すべてを回収する必要はなくなります。時々租税によって、テコ入れし直す必要があるかもしれないものの、貨幣のすべてが贖罪の日を迎えなければならないという謂れはなくなるのです。言い換えると、政府の借金は完済される必要がなく、国債もそして貨幣も永遠に市中をさまよい続けられるものと考えられるわけです。

永久債のもつ意味

多くのみなさんが、借金が増え続けることを良からぬ事態と見なしているでしょう。私も個人については そう思っていて、私自身金融機関などから借金をしたことはありません。

個人の借金が増え続けるというのは大きな問題であって、死ぬまでに完済し借金をゼロにしなければ、債権者（貸し手）や家族に迷惑を掛ける可能性があります。

仮に、私に一〇〇〇万円の借金があって、あと二〇年生きるということが分かっているならば、元本だけを見ても年に五〇万円のペースで返していかなければ、完済できないことになります。

貯蓄をしないならば、給料などの「収入」から食費や利払いなどの「支出」を引いた額を借金返済に充てていくことになります。「収入－支出」を「個人の財政余剰」とするのであれば、個人の財政余剰が年に五〇万円必要ということになります。そうすると、

現在の借金＝（死ぬまでの二〇年間の）個人の財政余剰の合計

という式が成り立つことになります。

政府の場合も一〇〇〇兆円の借金があって、二〇年後にこの国家が消滅するというのであれば、年に五〇兆円のペースで返していかなければ、完済できません。政府の収入から支出を引いたものを「財政余剰」と言います。この支出には利払いも含まれます。そうすると、家計と同様に、

現在の借金＝（国家最後の年までの二〇年間の）財政余剰の合計

が成り立ちます。[46]つまり、借金した分だけ財政黒字を作って返済することになっており、長期的な均衡財政が図られていることになります。

ところが、実際の国家は個人とは異なって寿命が限られているわけではなく、永続するものと見なされています。そしていまの資本主義経済は、永続的な経済主体は必ずしも借金を完済する必要がないという前提で成り立っています。

それは、借金を踏み倒すという意味ではないので注意してください。MMTに対して「借りたお金は返しましょう」などという途方もなく的外れな批判をする人がいましたが、「借金し続けること」と「期日に借金を返さないこと」とはまったく異なります。

国債は満期（返済期限）が来たら償還されなければなりません。平たく言えば、借りたお金は返さなければならないということです。ただし、その際に借換債を発行することで借金を継続することができます。

企業は政府と同様に、債券（社債）を発行して借金による資金調達を行います。そして企業でも、借換債を発行し借金をし続けるということがあり得ます。

銀行は基本的には債務を拡大させ続ける経済主体です。預金は銀行の債務つまり借金であり、銀行がこの借金を完済するなんてことは基本的には起こらないわけです。

私たちは銀行が終わる日が到来するなんてことを考えもせずに、銀行に預金し続けています。したがって、銀行は存続するかぎり永遠に借金をし続けるわけです。それどころか、通常、経済の成長に応じて預金という債務は増えていきます。

「政府の借金が増大してけしからん」と怒っている人は、「銀行の預金が増大してけしからん」ということも併せて唱えるべきでしょう。

政府は、「永久債」を発行することすらできます。これは、満期（返済期限）がなく永遠に償還されることがない国債です。ただし、保有者は永遠に「確定利子」をもらい続けられるので、それ目当てで購入することになります。確定利子というのは、毎年支払われる一定額の利子のことです。

イギリスでは、「コンソル債」という永久債が、一七五一年以降幾度か発行されたことがあり、マクロ経済学の教科書では必ずと言っていいほど紹介されています。

永久債が発行可能なのは、まさに政府が永続的な経済主体であるからで、永久債の存在は政府の借金を完済する必要がないことを端的に証拠立てています。もし、政府の借金をすべて永久債の発行によってまかなったとすると、その政府が借金を完済する必要がないことは明白です。

永久債を発行し続けて、政府の借金が絶え間なく増大したとして、それで何か問題があるでしょうか？　国家が永続すると見なされているかぎり、永久債を発行できるし、政府は借金をし続けることができます。

政府が借換債によって借金し続けるということは、永久債を発行することと基本的には変わりありません。永久債発行の代わりに、たとえば一〇年ものの国債を発行し一〇年経ったら借り換えるということを繰り返して借金を継続できるわけです。

第2章ですでに論じたように、貨幣は無利子の永久債のようなものです。貨幣も国債同様に、成仏し損ないの亡霊のように、この世をさまよい続けることができます。

私たちは、永遠にさまよい続け、贖罪をまぬがれ続ける貨幣についても想いを馳せる必要があるでしょう。

永遠があり得るならば均衡財政主義の意味は変わる

国家が永遠に続くがゆえに、政府は借金を完済する必要がないという話をここまでしてきました。ここでは、永遠に借金を増やし続けられるかどうか、主流派経済学に基づいてもう少し検討してみましょう。

この問題を論じるためにまず、主流派経済学ですら、無限期間（永遠に）世界が続くと考える場合と有限期間（永遠ではない期間）で世界が終わる場合では、均衡財政の意味が変わってくるという話をしておきましょう。

すでに見たように、有限期間のモデルであれば、政府は借金をすべて返さなければなりません。そのような保証がなければ、国債は購入されないでしょう。

ところが、無限期間のモデルであれば、政府は借金を完済する必要がないどころか、増大させ続けることもできます。なぜかというと、永遠の先の資産価値は現在から見ればゼロになるかもしれないからです。

第3章で説明したように、国債は、民間経済主体（ここでは家計ということにしておきましょう）から見れば資産です。経済学では、経済人（合理的な人間）を想定するので、世界の終わりの日に資産なんかもっていてもしょうがないから、売り払うはずだと考えます。

ただし、未来の資産はいまほどの価値はもちません。たとえば、**図6－2**のように、一年後の一〇三万円は今年の一〇〇万円ほどの価値であると考えられます。今年一〇〇万円もらうのと一年後に一〇〇万円もらうのではどちらがよいかと問われれば、ほとんどの人が今年の一〇〇万円を選択するはずです。それでももし、今年の一〇〇万円と来年の一〇三万円が同じ価値をもつとするならば、「割引率」は（103-100）÷100で三パーセントと計算されます。

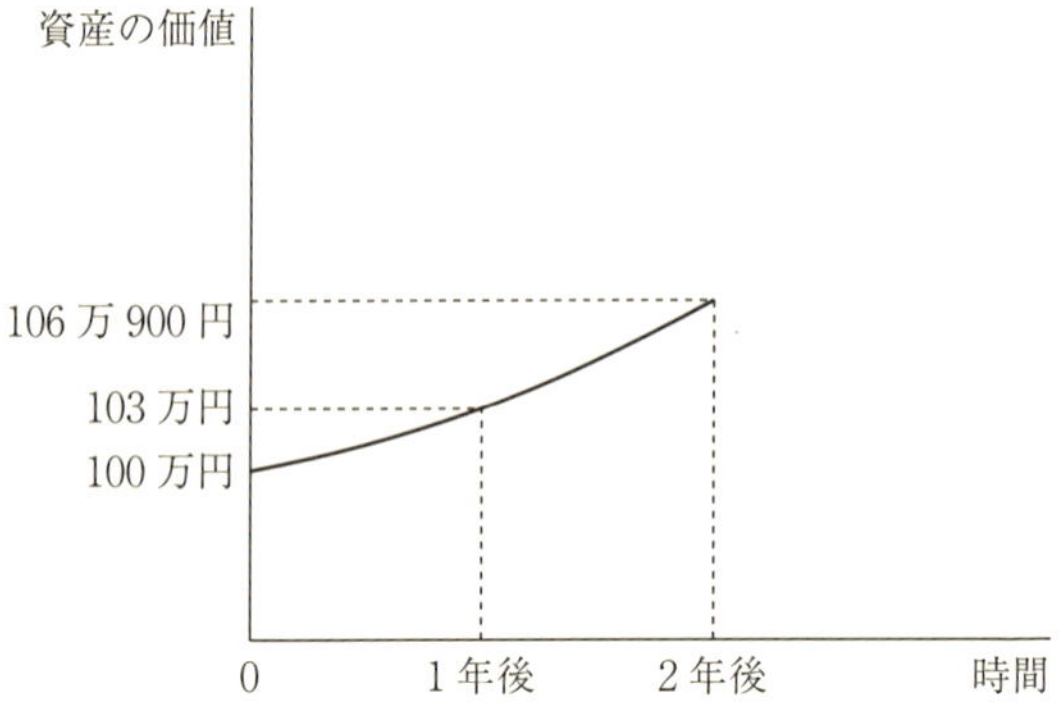

図6-2　割引現在価値（割引率３％）
１年後の103万円の割引現在価値は100万円
２年後の106万900円の割引現在価値は100万円

割引率は、未来の資産を現在の資産に換算するときにどの程度割り引くべきかを示しています。逆に言うと、一〇三万円を一・〇三で割ることによって、現在の価値である一〇〇万円を導くことができます。未来の資産を現在の価値に直したものを「割引現在価値」と言います。

図6－2のように、二年後の一〇六万九〇〇円は、106.09 ÷ 1.03 ÷ 1.03 = 100 なので、割引現在価値は一〇〇万円です。一〇年後の資産の割引現在価値を計算するには、一・〇三で一〇回割ることになります。だとすると、未来にいけばいくほど現在から見た資産の価値は減っていくことになります。

有限期間のモデルでは、**図6－3**のように最終日（世界の終わりの日）に資産が残っていてゼロでないとするならば、その割引現在価値はゼロになりません。したがって、最終日までに政府に借金を返してもらって、そのお金で家計は消費しなければ合理的とは言えません。

ところが、無限期間のモデルであれば、永遠の未来における資産の割引現在価値は、一・〇三といった数値で無限回割って求められるので、図６－４のように、ゼロに近づいていく可能性があります。なお、個人は有限期間で死にますが、最近のマクロ経済学では、子々孫々が永遠に続いていき資産が引き継がれていくと考えるのが一般的です。これは「ダイナスティー」（王朝）と言われています。

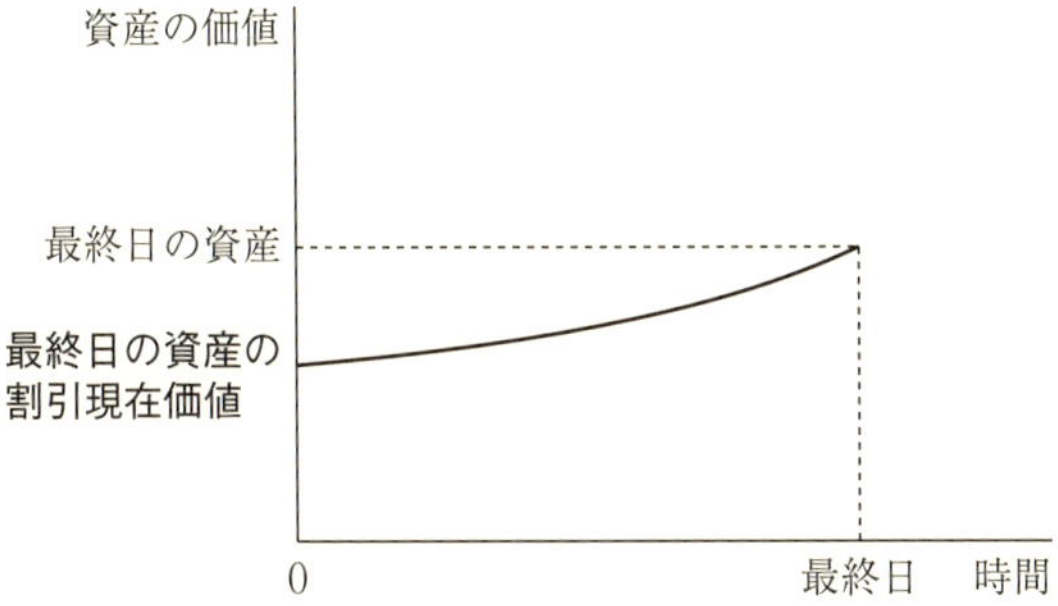

図6-3　割引現在価値（有限期間モデル）

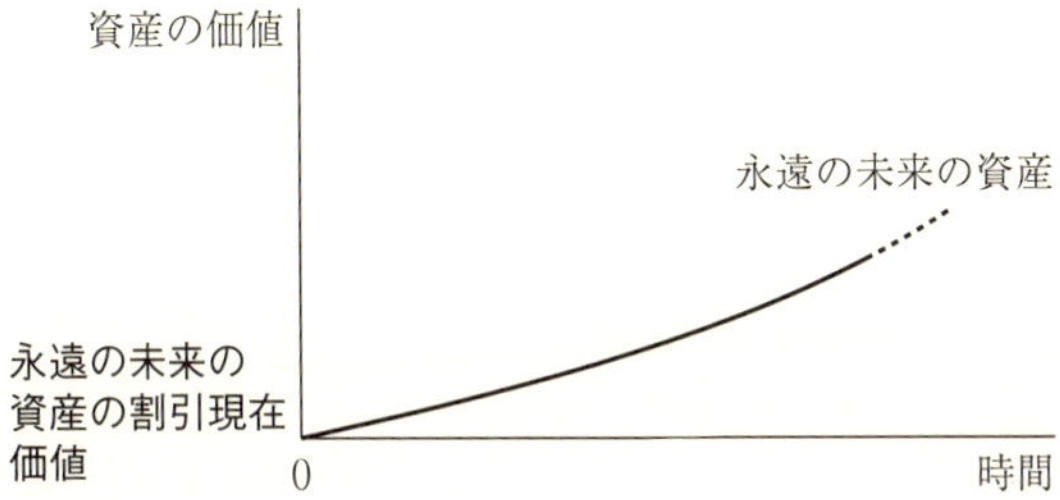

図6-4　割引現在価値（無限期間モデル）

資産の割引現在価値がゼロに近づくという条件は、主流派経済学では「横断性条件」と言われています。直感的に言うと、永遠に遠い未来の子孫が資産をもっていたとしても、いまの私にとってその価値がゼロに限りなく近いのであれば、横断性条件が満たされることになります。

このように横断性条件を満たす財政こそが、現代経済学における言わば「均衡財政」と言えるでしょう。

したがって、無限期間のモデル（ダイナスティーモデル）における均衡財政は、国債残高を最終的にゼロにすることではありません。それどころか、ある程度の率以下で国債が増大していってもかまいません。

ただし、一般に国債残高は金利の率で自動的に増大していくと考えられ、税金は経済成長率と同様の率で増えていくと考えられます。

それゆえ、金利より経済成長率が低くなれば、結局のところ「プライマリー・バランス」をある程度黒字にする必要があります。すなわち、政府の支出（正確には、利払いや償還の費用以外の支出）を税収より少なくしなければならないということです。この条件を「ボーン条件」と言います。

以上はMMTではなく主流派の理論です。私はMMTが教えるように、均衡財政を目指す必要はないと考えています。ただ、横断性条件やボーン条件を満たすようにしか借金を増やし続けられないという可能性は否定し切れません。

ところが、国債を中央銀行がすべて買い入れて、貨幣に換えてしまったらどうなるでしょうか？　貨幣には金利がつかないので、ボーン条件を考慮する必要はありません。

経済の血液たる貨幣が不足している

ここでみなさんは、国債を貨幣に換えたらそれだけインフレが亢進されるのではないかと心配するかもしれません。

ところが、主流派のある経済モデルによれば、インフレ率ゼロを目標にする場合ですら、政府の借金は増大し続け、中央銀行が国債を買い入れて貨幣を増やし続けなければなりません。そうでなければ、永続的なデフレに陥ります。

主流派経済学には、一九六〇年代から研究されてきた「貨幣的成長理論」という分野があります。そのモデルでは一般に、政府と中央銀行は図6－5のように「統合政府」として一体となっており、「ヘリコプターマネー」方式で直接家計にお金を供給する形で世の中に出回る貨幣（このようなモデルではマネタリーベースとマネーストックの区別はしない）を増やします。[47]

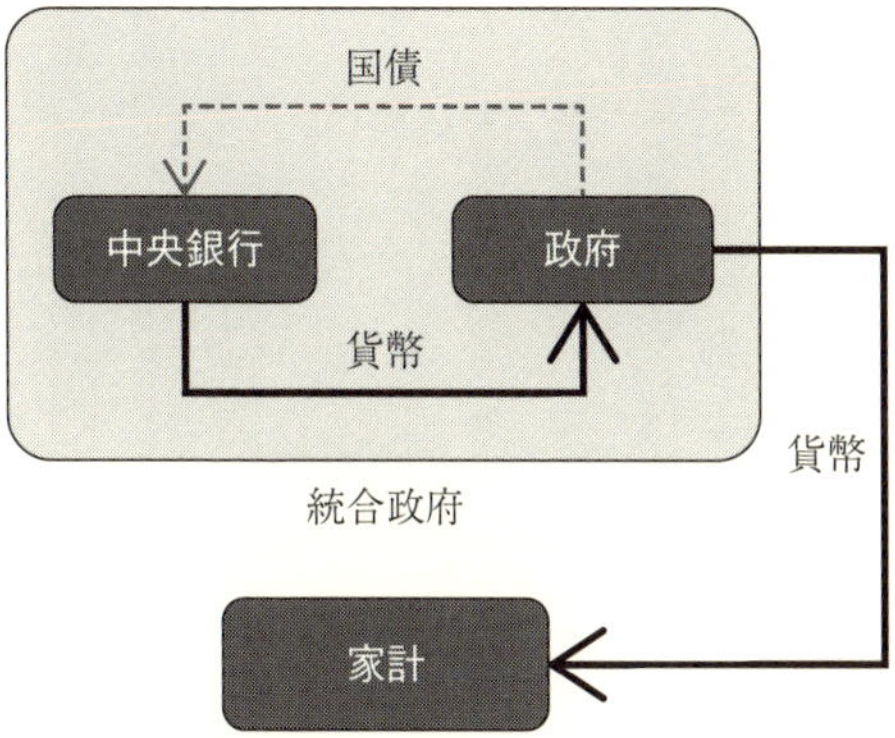

図6-5　貨幣的成長モデル

この場合の統合政府は単に会計上の統合を意味するのではなく、直接国債を取引し得るような一体化された公的機関を意味します。

これはあくまでも便宜的なモデルであって、現実の貨幣システムをそのまま表現しているわけではないという点に注意してください。実際には、図6－6のように、政府と中央銀行の間には民間銀行が挟み込まれているし、貨幣流通のプロセスは、MMTが論じているようにもっと複雑ですが、ここではそういった点を捨象しましょう。

貨幣的成長理論から得られる帰結の一つは、技術進歩率（実質成長率）以上の「貨幣成長率」を維持しないと長期的なデフレに陥るということです。貨幣成長率というのは、貨幣の増大する割合を意味します。

重要であるにもかかわらず経済学者によってすらも大して注目されない経済学の概念が幾つかありますが、その内の一つが「成長通貨」です。これは、経済の成長に応じて増大させなければならない貨幣を意味します。

資本主義において絶えず経済は成長するものなので、貨幣のほうも絶えず成長させなければなりません。実際、世の中に出回る貨幣「マネーストック」（現金＋預金）は、デフレ不況の期間ですら、図6－7のように絶えず増大しています。

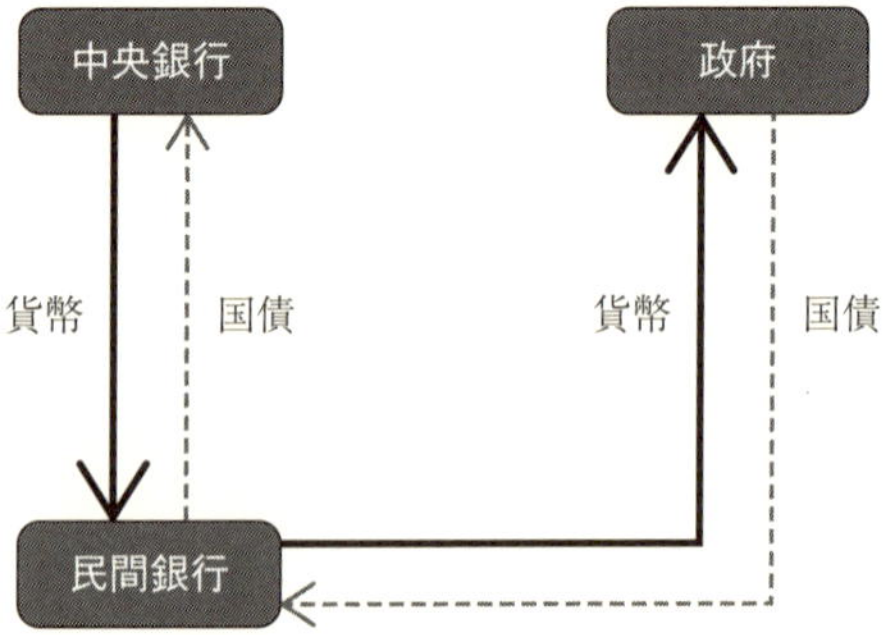

図6-6　民間銀行を介した国債と貨幣の流通

図にあるM2やM3というのは、マネーストックを表す指標です。[48]現在ではM3が代表的な指標となっており、それは二〇一九年六月には約一三六二兆円にまで至っています。

人間は、身体の成長に応じて血液（正確には血中の鉄分）が増えていかなければ、貧血に陥ってしまうでしょう。それと同様に、経済の血液たる貨幣が増大しなければ、その国の経済は貧血状態つまりデフレ不況に陥ってしまいます。

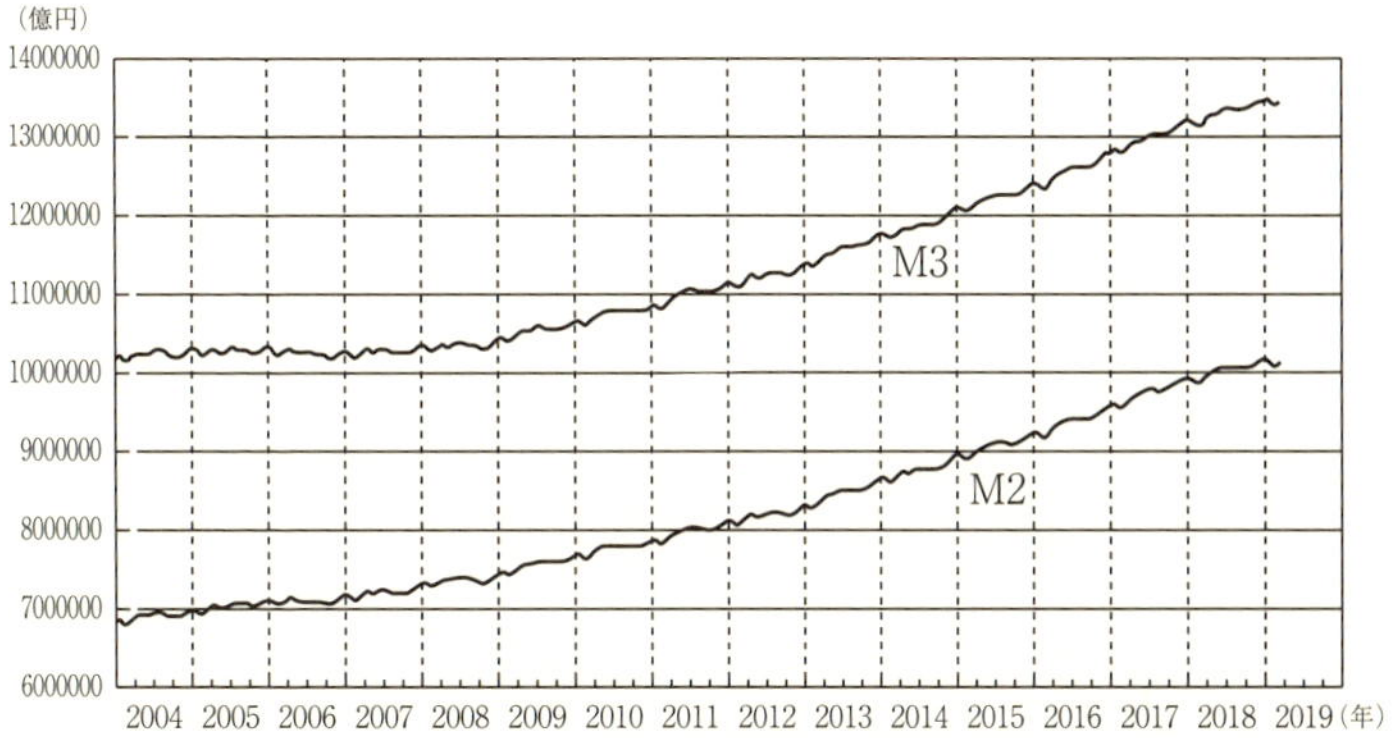

図6-7　マネーストック（M2及びM3）の推移（日本銀行より）

理論的には、技術進歩率が一パーセントで目標とするインフレ率が二パーセントであるならば、１＋２＝３ということで三パーセントの貨幣成長率を維持しなければなりません。

実際、どのくらいの割合でマネーストック（Ｍ２）が増えてきたかというと、**図２－11**（四九頁）のようにバブル崩壊以前には年率十パーセント前後、バブル崩壊以降には二パーセント前後を維持しています。二〇一九年六月のＭ２の増大率（前年同月比）は二・三パーセント、Ｍ３の増大率は二・〇パーセントとなっています。

平成に入ってからのこのような貨幣成長の低迷が、デフレ不況の根本要因であると私は見なしています。二パーセントというインフレ率目標を達成するには、三パーセントを超える貨幣成長率が維持されなければなりません。ただ、ここでは、何パーセントの貨幣成長率が適切であるかという議論には、これ以上深入りしないでおきましょう。

ここで注目していただきたいのは、前出**図６－５**の統合政府の中身を見ると、政府と中央銀行の間で、国債の売買が行われる点です。市中に出回る貨幣を増やすには、政府が国債を発行して中央銀行が国債を買い入れなければなりません。貨幣を発行するのは中央銀行、支出するのは政府というように役割が分化しており、両者の間で取引が必要となるからです。

このモデルにしたがえば、デフレを回避するには、貨幣を増やさなければならず、貨幣を増やすには政府が中央銀行から借金をしなければなりません。つまりは、政府の借金は資本主義にとって不可欠な原動力なのです。[49] 実際、多くの主要国で、政府の借金は増大し続けています。

そして、目標とするインフレ率が二パーセントなり三パーセントなりで一定であるならば、(長期的には)貨幣成長率も国債残高の増大率も一定となります。これらの率が上昇していく場合、横断性条件を満たしませんが、二パーセントであれ三パーセントであれ、一定でさえあればその条件が満たされるので理論的には問題ありません。主流派のモデルから得られるこの帰結と、「過度のインフレにならない限り政府は借金を増やすことができる」というＭＭＴに基づいた日本で流行りの主張は、(驚くべきことに)整合的なのです。

図6－6は、現実をかなり単純化したモデルですが、大事なのはこれが主流派のモデルだということです。「不況期には財政収支の赤字を許容し、好況期には黒字を目指し、長期的にはならしてプラス・マイナス・ゼロにすべきだ、そうでないと適切なインフレ率は維持されない」と主張する主流派の経済学者は、成長通貨という重要であるはずの概念を忘れているか、貨幣が政府の借金から生じて

いることを忘れているかのいずれかでしょう。

少なくとも現在のように、ディスインフレ下で国債を日銀が買い入れているかぎり、政府の借金を恐れる必要はないでしょう。真に恐れるべきなのは、政府が借金を恐れるあまり、失われた三〇年を四〇年に引き延ばしてしまうことです。借金を恐れて増税すれば、デフレ不況からの脱却はさらに遠のき、その間日本の経済も文化も科学技術も衰退を続けます。

逆に、減税したり政府支出を拡大させたりして政府が借金を増やすことで、インフレ率を高めデフレマインドを克服し、我が国を再興することができます。政府が借金を増やさずにデフレ不況からの完全脱却を図るのは、ラクダが針の穴を通るよりも難しいでしょう。

謝辞

本書を執筆するにあたって、ネット上の番組である「ＡＷニュースＷｅｅｋｌｙ」での議論が大変参考になっています。番組のプロデューサーＭＣの深川芳樹さんとスタッフの方々、番組に出演しお話ししていただいた経済学研究家の望月慎さんと専修大学教授の野口旭先生に、感謝の意を示したいと思います。望月慎さんは、番組外でもＭＭＴに関する私の質問に快く答えてくださいました。

本書の企画をもちかけてくださった担当編集者の青山遊さんにも感謝しています。他にも感謝の意を伝えたい人はたくさんいますが、ここでは本書を執筆するにあたり直接助言をくださったり、原稿をチェックしてくださったりした方々にとどめます。それは、松尾匡先生、リッキーさん、及川裕也さん、中筋浩平さん、西村公男さん、竹芳樹さん、品川俊介さん、都築栄司さん、池田香菜子さんです。

そして最後に、本書を手に取ってくださった読者のみなさまに感謝の気持ちを捧げたいと思います。

二〇一九年一〇月

井上智洋

注

1 渡辺・岩村（2004）
2 一九五〇年代に、ポスト・ケインズ派経済学者と主流派経済学者が「ケンブリッジ資本論争」という論争を繰り広げていました。それはいまでは一部の経済学説史の専門家以外にはほとんど興味をもたれておりません。
3 元々はＡＩ研究者で東京大学大学院教授の松尾豊氏の言葉。
4 Wray（2015）、傍点は訳書による。
5 Coggan（2012）の題名。
6 Wray（2015）
7 貨幣発行益の現代的な定義は、日銀のホームページにもあるように、中央銀行が保有する国債などの資産から得られる利益です。ただしこれは後から出てきた定義です。「シニョレッジ（貨幣発行益）」の語源が、「シニョール（領主）」ということからも分かるように、貨幣発行益の元々の意味は、主権者がコインなどの貨幣の額面価値と素材価値との差から得る利益のことです。現代的な定義は、歴史を遡行したときに当てはめることができないので普遍性がありません。
8 Wray（2015）
9 Mosler（2010）
10 板倉（1995）
11 板倉（1995）
12 Wray（2015）

13 Wray（2015）
14 Wray（2015）
15 Wray（2015）の訳注より。
16 Wray（2015）の巻末解説。
17 Mitchell（2015）
18 Keynes（1936）
19 内生的貨幣供給理論については、渡辺（1998）および内藤（2011）を参照してください。
20 Mitchell（2009）および Forstater and Mosler（2005）
21 第4章の内容は、ネット上のニュース番組である「ＡＷニュースＷｅｅｋｌｙ」において、専修大学教授の野口旭氏と経済学研究家の望月慎氏および筆者とのあいだで交わされた議論に、多くを負っています。野口氏の主張は野口（2019）に、望月氏の主張は望月（2019）にそれぞれ表されています。
22 野口（2019）
23 アコモデーショニズムと同様の考えはさらに、一九世紀初頭の真正手形主義にまでさかのぼれます。
24 Lavoie（2004）
25 Wray（2015）
26 ただし、レイ氏の二〇〇七年の論文（Wray 2007）ではホリゾンタリズムとストラクチャリズムの両方の視点が必要だと述べられており、言わば両者の融和が目指されています。
27 Minsky（1975）
28 Minsky（1975）
29 一九九〇年の日本の総量規制。
30 負債デフレは、Fisher（1933）で初めて理論化されたと考えられているので、「フィッシャーの負債デフレ」とも言われています。
31 望月慎氏の示唆による。
32 Lavoie (2004)
33 Wray (2015)
34 Wray (2015)
35 ケルトン氏の来日時の講演。
36 Buchanan and Wagner (1977)
37 Mosler (2013)
38 ケルトン氏の講演会で、「文学博士号をもっている人は、どんな仕事につくのか？　それぞれの人のジョブヒストリーを考えないのか？」という質問が聴衆からありました。
39 Graeber (2018)
40 ここで言うＢＩとほぼ同じ制度というのは、負の所得税です。
41 経済学者で獨協大学教授の森永卓郎氏の言葉。
42 オックスフォード大学のマイケル・オズボーン氏の言葉。
43 Wray (2015)
44 これは、ゲームの理論で言うところの、囚人のジレンマと同じ構造を成しています。
45 望月慎氏の示唆による。
46 この式を「物価水準の財政理論（ＦＴＰＬ）」に準拠して書き直すと、
　現在の名目債務残高／物価＝（国家最後の年までの二〇年間の）実質財政余剰の割引現在価値の合計
となります。
47 貨幣的成長理論では、ヘリコプターマネーを行う主体が統合政府と明示されていなかったり、明示されている場合でも図6－5のように政府と中央銀行の間で国債と貨幣のやり取りをしているという点まで踏み込んで説明していなかったりします。それでも、政府紙幣やＯＭＦ（Overt Monetary Financing、明示的財政ファイナンス）をもち込まないかぎり、図6－5のようなモデルを暗に仮定していると考えざるを得ません。

48　Ｍ２及びＭ３はいずれも、現金＋預金の合計額ですが、Ｍ２は預金の預け入れ先が限定されています。たとえば、ゆうちょ銀行の定期性預金はＭ２に含まれませんが、Ｍ３には含まれます。

49　政府紙幣やＯＭＦ（明示的財政ファイナンス）を導入すれば、国債の発行なしに貨幣を増やすことができます。ただし、それらは図6－5のように統合政府がヘリコプターマネーによって貨幣を増大させることと基本的には変わりありません。

参考文献

［1］ Buchanan, James M. and Wagner, Richard E. (1977) *Democracy in Deficit,* Academic Press.（大野一訳『赤字の民主主義――ケインズが遺したもの』日経ＢＰ社、二〇一四年）

［2］ Coggan, Philip (2012) *Paper Promises: Money, Debt and the New World Order,* Penguin UK.（松本剛史訳『紙の約束――マネー、債務、新世界秩序』日本経済新聞出版社、二〇一二年）

［3］ Fisher, Irving (1933) “The Debt-Deflation Theory of Great Depressions,” Econometrica, Vol.1, No.4, pp.337-357.

［4］ Forstater, Mathew and Mosler, Warren (2005) “The Natural Rate of Interest Is Zero,” Journal of Economic Issues, vol.39, issue 2, pp.535-542.

［5］ Graeber, David (2018) *Bullshit Jobs: A Theory,* Simon & Schuster.

［6］ Keynes, J. M. (1936) *The General Theory of Employment, Interest and Money,* Macmillan Press.（間宮陽介訳『雇用、利子および貨幣の一般理論』岩波文庫上下巻、二〇〇八年）

［7］ Lavoie, Marc (2004) *Léconomie Postkeynésienne,* La Découverte.（宇仁宏幸・大野隆訳『ポストケインズ派経済学入門』ナカニシヤ出版、二〇〇八年）

［8］ Minsky, Hyman P. (1975) *John Maynard Keynes,* Columbia University Press.（堀内昭義訳『ケインズ理論とは何か――市場経済の金融的不安定性』岩波書店、一九九九年）

［9］ Mitchell, Bill (2009) “The natural rate of interest is zero!,” http://bilbo.economicoutlook.net/blog/?p=4656

［10］ Mitchell, Bill (2015) “There is no need to issue public debt,” http://bilbo.economicoutlook.net/blog/?p=31715

［11］ Mitchell, William, Randall Wray, and Martin Watts (2019) *Macroeconomics,* Red Globe Press.

［12］ Mosler, Warren (2010) *The 7 Deadly Innocent Frauds of Economic Policy,* Valance Co Inc.

［13］ Mosler, Warren (2013) “My story of the Thatcher era,” http://moslereconomics.com/2013/04/10/my-story-of-the-

thatcher-era/
［14］ Wray, L. Randall（2007）"Endogenous Money: Structuralist and Horizontalist," Economics Working Paper Archive No.512, The Levy Economics Institute.
［15］ Wray, Randall（2015）*Modern Money Theory: A Primer on Macroeconomics for Sovereign Monetary Systems*, Palgrave Macmillan.（島倉原監訳・鈴木正徳訳『ＭＭＴ　現代貨幣理論入門』東洋経済新報社、二〇一九年）
［16］ 板倉讓治（1995）『私の金融論』慶應通信
［17］ 内藤敦之（2011）『内生的貨幣供給理論の再構築――ポスト・ケインズ派の貨幣・信用アプローチ』日本経済評論社
［18］ 野口旭（2019）「ＭＭＴ（現代貨幣理論）の批判的検討」ニューズウィーク日本版
［19］ 望月慎（2019）「野口旭氏『ＭＭＴ（現代貨幣理論）の批判的検討』に関するＭＭＴ（ｅｒ）の〝弁明〟」https://note.mu/motidukinoyoru/n/n266cd5b29bf9
［20］ 渡辺努・岩村充（2004）『新しい物価理論――物価水準の財政理論と金融政策の役割』一橋大学経済研究叢書、岩波書店
［21］ 渡辺良夫（1998）『内生的貨幣供給理論―ポスト・ケインズ派アプローチ』多賀出版

井上智洋（いのうえ・ともひろ）

駒澤大学経済学部准教授、早稲田大学非常勤講師、慶應義塾大学SFC研究所上席研究員。早稲田大学大学院経済学研究科にて博士号取得。専攻はマクロ経済学。また、人工知能が経済に与える影響について論じる。主な著書に、『新しいJavaの教科書』（ソフトバンククリエイティブ）、『人工知能と経済の未来』（文春新書）、『AI時代の新・ベーシックインカム論』（光文社新書）、『ヘリコプターマネー』『純粋機械化経済』（ともに日本経済新聞出版社）などがある。

M《エム》M《エム》T《ティ》
現代《げんだい》貨幣《かへい》理論《りろん》とは何《なに》か

二〇一九年一二月一〇日　第一刷発行
二〇二〇年一二月一〇日　第四刷発行

著者　井《い》上《うえ》智《とも》洋《ひろ》

発行者　渡瀬昌彦
発行所　株式会社講談社
東京都文京区音羽二丁目一二—二一　〒一一二—八〇〇一
電話（編集）〇三—三九四五—四九六三
（販売）〇三—五三九五—四四一五
（業務）〇三—五三九五—三六一五

装幀者　奥定泰之
本文データ制作　講談社デジタル製作
本文印刷　信毎書籍印刷株式会社
カバー・表紙印刷　半七写真印刷工業株式会社
製本所　大口製本印刷株式会社

ISBN978-4-06-518204-8　Printed in Japan
N.D.C.337　154p　19cm

講談社選書メチエの再出発に際して

講談社選書メチエの創刊は冷戦終結後まもない一九九四年のことである。長く続いた東西対立の終わりはついに世界に平和をもたらすかに思われたが、その期待はすぐに裏切られた。超大国による新たな戦争、吹き荒れる民族主義の嵐……世界は向かうべき道を見失った。そのような時代の中で、書物のもたらす知識が一人一人の指針となることを願って、本選書は刊行された。

それから二五年、世界はさらに大きく変わった。特に知識をめぐる環境は世界史的な変化をこうむったとすら言える。インターネットによる情報化革命は、知識の徹底的な民主化を推し進めた。誰もがどこでも自由に知識を入手でき、自由に知識を発信できる。それは、冷戦終結後に抱いた期待を裏切られた私たちのもとに差した一条の光明でもあった。

その光明は今も消え去ってはいない。しかし、私たちは同時に、知識の民主化が知識の失墜をも生み出すという逆説を生きている。堅く揺るぎない知識も消費されるだけの不確かな情報に埋もれることを余儀なくされ、不確かな情報が人々の憎悪をかき立てる時代が今、訪れている。

この不確かな時代、不確かさが憎悪を生み出す時代にあって必要なのは、一人一人が堅く揺るぎない知識を得、生きていくための道標を得ることである。

フランス語の「メチエ」という言葉は、人が生きていくために必要とする職、経験によって身につけられる技術を意味する。選書メチエは、読者が磨き上げられた経験のもとに紡ぎ出される思索に触れ、生きるための技術と知識を手に入れる機会を提供することを目指している。万人にそのような機会が提供されたとき初めて、知識は真に民主化され、憎悪を乗り越える平和への道が拓けると私たちは固く信ずる。

この宣言をもって、講談社選書メチエ再出発の辞とするものである。

二〇一九年二月　　野間省伸

講談社選書メチエ　社会・人間科学

MÉTIER

日本語に主語はいらない　金谷武洋
テクノリテラシーとは何か　齊藤了文
どのような教育が「よい」教育か　苫野一徳
感情の政治学　吉田　徹
マーケット・デザイン　川越敏司
「社　会《コンヴィヴィアリテ》」のない国、日本　菊谷和宏
権力の空間／空間の権力　山本理顕
地図入門　今尾恵介
国際紛争を読み解く五つの視座　篠田英朗
中国外交戦略　三船恵美
易、風水、暦、養生、処世　水野杏紀
「こつ」と「スランプ」の研究　諏訪正樹
丸山眞男の敗北　伊東祐吏
新・中華街　山下清海
ノーベル経済学賞　根井雅弘編著
俗語発掘記　消えたことば辞典　米川明彦
氏神さまと鎮守さま　新谷尚紀

日本論　石川九楊
丸山眞男の憂鬱　橋爪大三郎
「幸福な日本」の経済学　石見　徹
危機の政治学　牧野雅彦
主権の二千年史　正村俊之
機械カニバリズム　久保明教
養生の智慧と気の思想　謝心範
暗号通貨の経済学　小島寛之
電鉄は聖地をめざす　鈴木勇一郎
日本語の焦点　日本語「標準形《スタンダード》」の歴史　野村剛史
ヒト、犬に会う　島　泰三
解読　ウェーバー『プロテスタンティズムの倫理と資本主義の精神』　橋本　努
AI時代の労働の哲学　稲葉振一郎
ワイン法　蛯原健介
MMT　井上智洋

近代性の構造　今村仁司
身体の零度　三浦雅士
人類最古の哲学　カイエ・ソバージュⅠ　中沢新一
熊から王へ　カイエ・ソバージュⅡ　中沢新一
愛と経済のロゴス　カイエ・ソバージュⅢ　中沢新一
神の発明　カイエ・ソバージュⅣ　中沢新一
対称性人類学　カイエ・ソバージュⅤ　中沢新一
近代日本の陽明学　小島　毅
未完のレーニン　白井　聡
経済倫理＝あなたは、なに主義？　橋本　努
ヨーガの思想　山下博司
パロール・ドネ　C・レヴィ＝ストロース　中沢新一訳
連続講義　現代日本の四つの危機　齋藤元紀編
ブルデュー　闘う知識人　加藤晴久
怪物的思考　田口卓臣
熊楠の星の時間　中沢新一
来たるべき内部観測　松野孝一郎

アメリカ　異形の制度空間　西谷　修
絶滅の地球誌　澤野雅樹
共同体のかたち　菅　香子
アーレント　最後の言葉　小森謙一郎
三つの革命　佐藤嘉幸・廣瀬　純
なぜ世界は存在しないのか　マルクス・ガブリエル　清水一浩訳
「東洋」哲学の根本問題　斎藤慶典
言葉の魂の哲学　古田徹也
実在とは何か　ジョルジョ・アガンベン　上村忠男訳
創造の星　渡辺哲夫
なぜ私は一続きの私であるのか　兼本浩祐
いつもそばには本があった。　國分功一郎・互　盛央
創造と狂気の歴史　松本卓也
「私」は脳ではない　マルクス・ガブリエル　姫田多佳子訳
西田幾多郎の哲学＝絶対無の場所とは何か　中村　昇
名前の哲学　村岡晋一

英国ユダヤ人　佐藤唯行
オスマンvs.ヨーロッパ　新井政美
ポル・ポト〈革命〉史　山田　寛
世界のなかの日清韓関係史　岡本隆司
アーリア人　青木　健
ハプスブルクとオスマン帝国　河野　淳
「三国志」の政治と思想　渡邉義浩
海洋帝国興隆史　玉木俊明
軍人皇帝のローマ　井上文則
世界史の図式　岩崎育夫
ロシアあるいは対立の亡霊　乗松亨平
都市の起源　小泉龍人
英語の帝国　平田雅博
異端カタリ派の歴史　ミシェル・ロクベール　武藤剛史訳
ジャズ・アンバサダーズ　齋藤嘉臣
モンゴル帝国誕生　白石典之
〈海賊〉の大英帝国　薩摩真介

フランス史　ギヨーム・ド・ベルティエ・ド・ソヴィニー　鹿島　茂監訳／楠瀬正浩訳
地中海の十字路＝シチリアの歴史　藤澤房俊
月下の犯罪　サーシャ・バッチャーニ　伊東信宏訳